NEFF

Die beliebtesten

WÜRFELSPIELE

Gilbert Obermair

NEFF

Neff ist ein Imprint der
Verlagsunion Pabel-Moewig KG, Rastatt

Umschlaggestaltung: Werbeagentur Zeuner, Ettlingen
Illustrationen: Holger Majoran
Druck und Bindung: Elsnerdruck, Berlin
Printed in Germany 1994
ISBN 3-8118-5857-2

INHALT

Alea iacta est!

»Alea iacta est!« (»Die Würfel sind gefallen!«) soll Gaius Julius Cäsar 49 v. Chr. ausgerufen haben, als er den Rubikon überschritten hatte, um Gallien zu erobern. Auch bei Ihnen, liebe Leser, werden demnächst entscheidende Würfel fallen: Sie stehen vor der Wahl, dieses Taschenbuch nur oberflächlich durchzublättern oder aber, Würfel in die Hand zu nehmen und sich aktiv mit den über 150 spannenden und entspannenden Knobeleien auseinanderzusetzen. Vielleicht erobern dann die kleinen sechsseitigen Schelmensteine, die man auch Würfelbeine, Knöchelsteine, Wirbelbeine, Knötchen oder Bückelbeine nannte, Ihr ganz spezielles Wohlwollen.

Gewürfelt wurde zu allen Zeiten und um alles in der Welt. Aus Leidenschaft, Lebenslust und Langeweile. Die ersten Würfelspieler sind wohl vor über 4000 Jahren im Orient zu suchen. Ausgrabungen in Theben brachten sechsseitige Würfel als Grabbeigaben zu Tage. Der griechische Geschichtsschreiber Herodot vertritt in seiner Erdbeschreibung die Ansicht, das Volk der Lytier habe das Würfelspiel erfunden, um sich über die Qualen einer Hungersnot hinwegzutrösten. Der ägyptische König Ramses III. würfelte um 1200 v. Chr. gar mit der Göttin Isis in der Unterwelt, die alten Griechen knobelten vor Troja, und die alten Römer trudelten mit ihren vierseitigen Pyramidenwürfeln trotz strengsten Verbotes in einen wahren Würfelrausch. Die berühmtesten Würfler waren wohl jene Söldner unter den Kreuzen auf Golgatha, die um das Gewand von Jesus Christus warfen.

Die Germanen pokerten mit solcher Besessenheit, wie der römische Chronist Tacitus mit Verwunderung festhielt, daß sie Haus und Hof, Frau und Kinder und sogar ihre Freiheit aufs Spiel setzten. Diese alte Tradition wurde von den Landsknechten fortgesetzt, die auf ihren Trommeln paschten, bis später auch feinere Herrschaften auf samtüberzogenen Tafeln ihre Würfel wirbeln ließen.

Um 1220 verfaßte der Schöffe und Ritter Eike von Repgow den berühmten »Sachsenspiegel«. Er war das älteste deutsche Rechtsbuch, in lateinischer Sprache verfaßt, im 14. Jahrhundert bebildert und bis 1900 in Kraft. Im Kapitel über Landrecht wird ausgesagt, daß die freiwillige Weitergabe beweglichen Gutes das Recht einschließt, daß man es nur von dem zurückfordern darf, dem man es gab.

Diese beiden Illustrationen aus dem »Sachsenspiegel« besagen: Wird ein Rock mit Würfeln verspielt, so ist er verloren. Wird ein Rock dagegen verliehen, so kann man ihn zurückfordern.

1452 wetterte der Franziskanermönch Johannes Capistranus in Nürnberg gegen die Unzucht des Spielens. Der Erfolg dieser Strafpredigt war, daß man an die 40000 Würfel auf den Hauptmarkt brachte und dort verbrannte. Im 17. Jahrhundert hingegen sah der Adel das Ideal in der Kavalierserziehung, wozu auch die Kunstfertigkeit des Würfelspielens zählte.

Würfelspielereien wird es immer geben. Ihr Geklapper wird noch in Jahrhunderten für Spannung und gute Laune sorgen. Doch wo die Knobeleien aufhören Spiel zu sein, da sollte sich der Vernünftige zurückhalten. Denn schon ein alter Spruch sagt:

Das wurffelspiel manchen bringen thut /
Umb gelt, kleider und alles gut.

Und ein altes Rätsel lautet:

Es ist ein Ding von Elfenbein,
Verzehrt den Müller samt Mühlenstein,
Haus, Hof und den Bauern obendrein.

Die ältesten Würfel, die wir kennen, wurden in den Königsgräbern von Ur durch Sir Leonard Wooley zwischen 1922 und 1934 ausgegraben. Sie hatten Pyramidenform mit 2 markierten Spitzen. 6 Würfel (3 aus Elfenbein und 3 aus Lapislazuli) gehörten wahrscheinlich zu einem Satz (Abbildung 1).
Das nächste Würfelinstrument dem Alter nach scheint der lange Stab aus einem Grab im ägyptischen Akhor zu sein. Er ist mit den Zeichen »—«, »=«, »≡« und »×« markiert (Abbildung 2).
Für das Spiel »Pachisi« wurden auch Kaurimuscheln benutzt. Die Wertung ergab sich daraus, wie viele der geworfenen Muscheln mit der Öffnung nach oben oder nach unten liegenblieben (Abbildung 3).

Öffnung nach		Punkte	Möglichkeiten
oben	unten		
—	6	25	1
1	5	10	6
2	4	2	15
3	3	3	20
4	2	4	15
5	1	5	6
6	—	6	1
Summe			64

Die Punkte 25, 10 und 6 hatten etwa die Bedeutung wie heute die Sechs beim »Mensch ärgere Dich nicht«: Setzen und noch einmal werfen.

Für das alte indianische Spiel »Chausar« wurde wiederum eine Würfelstange benutzt (Abbildung 4).
Die Römer entwickelten später einen vierzehnseitigen Würfel (Abbildung 5). Man fand ihn häufig bei Ausgrabungen von Militärlagern, doch die Spiele, die man mit ihm durchführte, sind leider unbekannt.
Die Abbildung 6 zeigt schließlich einen viktorianischen Kreiselwürfel.

1

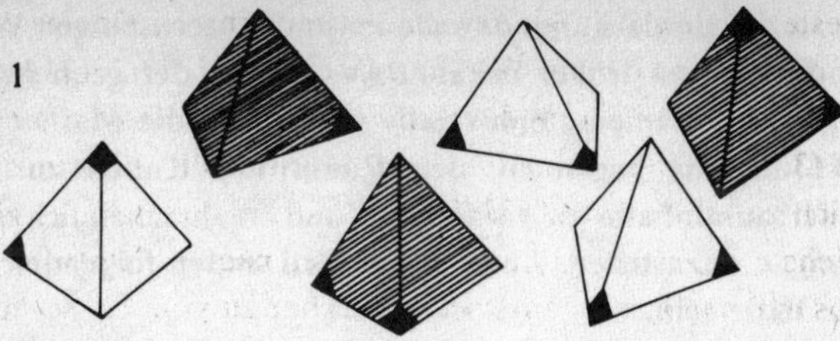

2

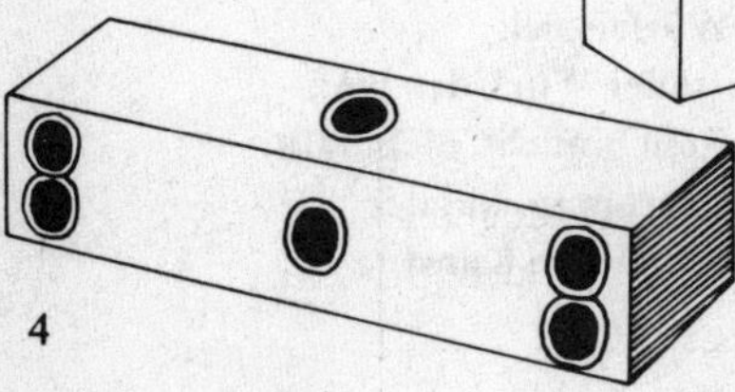

4

3

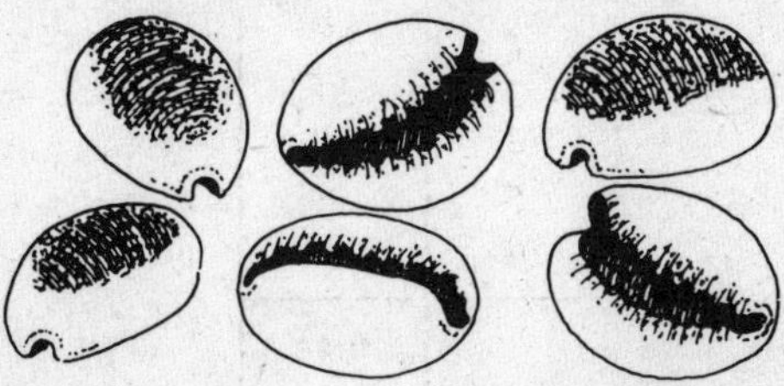

5

6

Kurios ist die Entdeckung, daß die Form des sechsseitigen Würfels als Spielgerät weit früher bekannt war als die der geometrischen Figur gleichen Namens. Erst relativ spät hat es die Mathematiker gepackt und sie begannen, den Raum mit Kuben zu füllen, Hexaederrauminhalte zu verdoppeln und Wahrscheinlichkeitsberechnungen anzustellen. Auch davon wird in den folgenden Kapiteln die Rede sein.
Nun wünschen wir Ihnen viel Spaß bei Ihren Würfelspielereien und schließen unsere Einleitung mit einem Zitat von Publius Terenz (190 bis 159 v. Chr.):

So gleicht des Menschen Leben
einem Würfelspiel:
wenn just der Wurf, den man
am meisten braucht, nicht fällt,
so korrigiert man, was der
Zufall gab, durch Kunst.

Spiele mit einem Würfel

Für die folgenden Spiele mit einem Würfel (und später auch für die Spiele mit 2 bis 6 Würfeln) gelten im allgemeinen folgende Grundregeln:

1. Es wird mit einem Würfelbecher geworfen, sofern nicht ausdrücklich eine andere Methode (z. B. »Turmbläser« oder »Knipsen«) vereinbart wurde.

2. Vor dem Wurf sind die Würfel im Becher gut zu schütteln. Dabei wird eine Hand über den Becher gelegt. Die Würfel dürfen nicht im Becher zurechtgelegt werden.

3. Mit dem eigentlichen Spiel beginnt der jüngste Spieler oder derjenige, der zuvor als der erste ausgeknobelt wurde. Zum Ausknobeln würfelt jeder einmal mit einem Würfel. Wer die höchste Zahl erreicht, darf beginnen. Wurde die höchste Augenzahl von zwei oder mehreren Spielern erreicht, so knobeln diese ein zweites Mal, dann ev. ein drittes Mal — usw. — bis der Beginner feststeht.

4. Im weiteren Verlauf des eigentlichen Spieles wird im Uhrzeigersinn gespielt. Jeder gibt also Becher und Würfel an seinen Nachbarn zur Linken weiter.

5. Jeder füllt den Becher eigenhändig, weil das angeblich Glück bringen soll.

6. Es muß zuvor vereinbart werden, ob die Würfel ausrollen dürfen, oder ob der Becher auf den Tisch gestülpt werden soll.

7. Stehen Würfel auf der Kante, lehnen sie sich irgendwo an (»es brennt!«), oder sind sie vom Tisch gefallen, so muß der Wurf wiederholt werden.

8. Als Spielgeld verwendet man Chips, Streichhölzer, Bierdeckel oder kleine Münzen.

9. Der Verlierer gibt ein Pfand oder er zahlt eine Runde.

Jule

Ein Augenwürfel, Chips, Papier und Bleistift.

Reihum wird gewürfelt. Es kommt darauf an, so schnell wie möglich alle Augenzahlen von Eins bis Sechs zu werfen. Und zwar in der richtigen Reihenfolge.

Wer eine Eins würfelt, schreibt sie auf. Fällt bei seinen nächsten Würfen eine Zwei, schreibt er sie darunter, usw. — bis zur Sechs. Dann werden die Zahlen bei entsprechenden Würfen in fallender Reihenfolge von Sechs bis Eins wieder ausgestrichen.

Sieger ist, wer zuerst alle Zahlen aufschreiben und dann wieder durchstreichen konnte. Die Verlierer geben dem Gewinner für jede nicht gestrichene Zahl ein Chip.

Stumme Jule

Ein Augenwürfel, Chips, Papier und Bleistift.

Dieses Spiel wird wie die »Jule« gespielt, mit einer wichtigen zusätzlichen Vereinbarung: Es darf während des ganzen Spiels nicht gesprochen werden. Wer dennoch redet, muß wieder von ganz vorne anfangen!

Langsamer Peter

Ein Augenwürfel.

Jeder Spieler nennt eine Zahl von 1 bis 6 und versucht dann, diese Augenzahl möglichst schnell zu erreichen. Wer dazu am meisten Würfe benötigt ist der »Langsame Peter« und hat verloren.

Kuhschwanz

Ein Augenwürfel, Streichhölzer.

Jeder Spieler legt 21 Streichhölzer zu einem »Kuhschwanz« aus. Dann wird reihum gewürfelt.

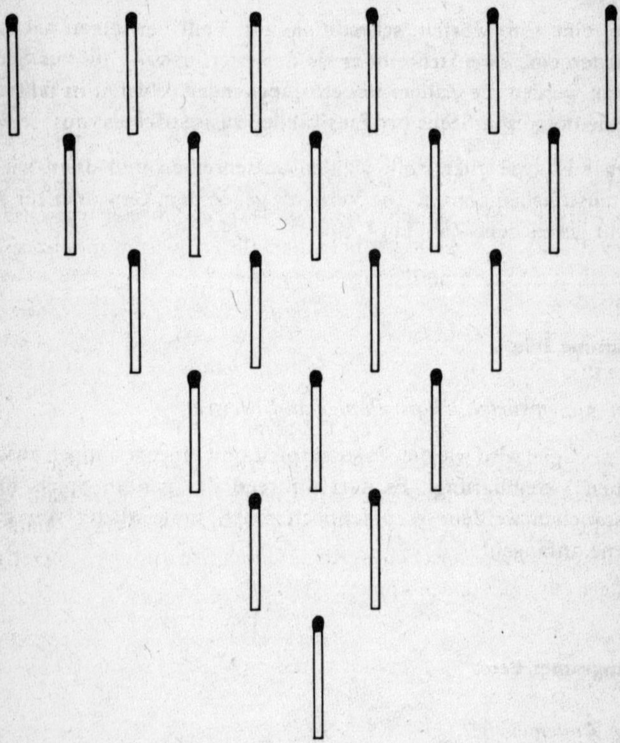

Jeder darf aus seinem »Kuhschwanz« die Reihe einkassieren, die der geworfenen Augenzahl entspricht. Wer also z. B. eine Vier wirft, darf die Reihe mit den 4 Streichhölzern entfernen. Würfelt ein Spieler eine Zahl, deren Reihe er schon weggenommen hat, so erhält er nichts und der nächste kommt dran.

Sieger ist, wer seinen »Kuhschwanz« zuerst kassieren konnte. Sein Gewinn ist dann das gesamte Spielgeld (die Streichhölzer), das dann noch in den »Kuhschwänzen« der Gegenspieler übriggeblieben ist.

Ochsenschwanz

Ein Augenwürfel, Streichhölzer.
Dieses Spiel wird wie der »Kuhschwanz« gespielt, mit einer Ausnahme: Würfelt ein Spieler eine Zahl, deren Reihe er aus seinem »Ochsenschwanz« schon weggenommen hat, darf er die entsprechende Reihe aus dem »Ochsenschwanz« des linken Nachbarn herausnehmen. Fehlt sie auch dort, dann beim übernächsten Nachbarn usw. Fehlt diese Reihe bereits in allen »Ochsenschwänzen«, so verfällt der Wurf und der nächste kommt dran.

Hin und her

Ein Augenwürfel, Papier und Bleistift
Jeder Spieler schreibt die Ziffern von 1 bis 6 untereinander auf ein Papier. Reihum wird gewürfelt. Die geworfene Augenzahl wird durchgestrichen. Ist diese Ziffer aber bereits gestrichen, muß sie wieder neu angeschrieben werden. Gewonnen hat, wer zuerst alle Ziffern durchstreichen konnte.

Auf und ab

Ein Augenwürfel.
Jeder hat 7 Würfe hintereinander. Wurf 1 und Wurf 2 werden zusammengezählt, Wurf 3 wird davon abgezogen, Wurf 4 wieder addiert, Wurf 5 wieder subtrahiert, Wurf 6 wieder zugezählt und Wurf 7 noch einmal abgezogen. Wer bei den Zwischensummen auf einen Minuswert kommt, muß ausscheiden. Sieger ist der Spieler mit dem besten Endergebnis.

Plus — minus

Ein Augenwürfel.
Jeder Spieler würfelt neunmal hintereinander. Jeder dritte Wurf wird subtrahiert.
Also: Wurf 1 + Wurf 2 — Wurf 3 + Wurf 4 + Wurf 5 — Wurf 6 + Wurf 7 + Wurf 8 — Wurf 9.
Wer einen Minuswert erreicht, darf weitermachen. Gewonnen hat der Spieler mit dem höchsten Endergebnis.

Justitia

Ein Augenwürfel, Chips.
Jeder Spieler erhält 5 Chips. Jeder würfelt reihum jeweils dreimal. Wer dabei die höchste Gesamtaugenzahl erreichte, muß ein Chip in die Kasse (in die Mitte des Tisches) bezahlen. Erreichen 2 Spieler die höchste Summe, bezahlen beide.
Wer als erster nach einigen Runden alle Chips verloren hat, gewinnt die gesamte Kasse. Ausgleichende Gerechtigkeit!

Die böse Eins

Ein Augenwürfel, Papier und Bleistift.
Jeder würfelt reihum jeweils fünfmal. Die Summe der geworfenen Augen wird notiert. Wer jedoch eine Eins würfelt, muß sofort mit dem Werfen aufhören. Nur die bis dahin addierte Summe gilt.
Der Spieler mit der höchsten Gesamtsumme ist der Sieger.

Die böse Drei

Ein Augenwürfel, Papier und Bleistift.
Jeder darf beliebig oft hintereinander würfeln. Die geworfenen Augen werden addiert. Wer dabei aber eine Drei wirft, verliert alle erreichten Punkte und scheidet aus.

Gewonnen hat, wer nach einer Runde die höchste Augenzahl erreichte. Der letzte Spieler hat dabei den Vorteil, sich nach den Ergebnissen seiner Mitspieler richten zu können. Deshalb beginnt bei der nächsten Runde ein anderer.

Zeppelin

Ein Augenwürfel, Papier und Bleistift, Chips.
Ein großer Zeppelin wird zu Papier gebracht. Der Rumpf wird in die Felder 1 bis 5 aufgeteilt. Die Gondel ist das 6. Feld, die Kasse.

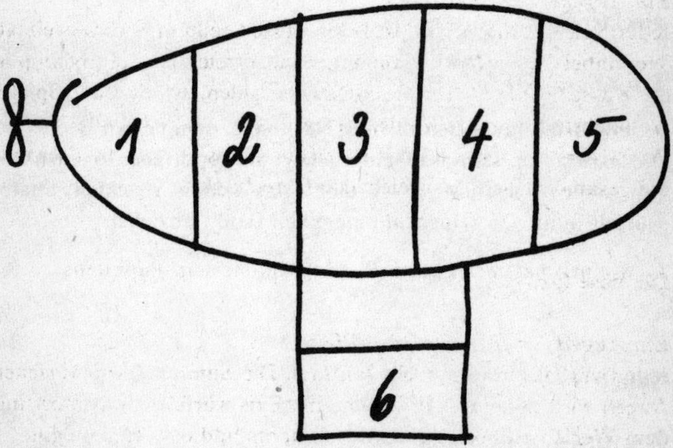

Jeder Spieler erhält 6 Chips und dann wird reihum gewürfelt. Wer eine Zahl von Eins bis Fünf wirft, legt ein Chip in das entsprechende Feld. Ist dieses Feld aber schon belegt, darf er sein Chip behalten und das bereits ausgelegte zusätzlich kassieren.
Die Gondel faßt jedoch beliebig viele Chips. Hat ein Spieler seine 6 Chips verloren, muß er ausscheiden. Wer übrigbleibt ist der Sieger und darf alle Chips von den Feldern 1 bis 6 nehmen.

Quinze (Fünfzehn)

Ein Augenwürfel, Chips.

Bei diesem französischen Spiel würfelt jeder reihum beliebig oft. Es kommt darauf an, 15 Augen zu erreichen oder eine Zahl, die dicht darunter liegt. Wer über 15 wirft, scheidet aus.

Sieger ist, wer genau 15 oder am dichtesten darunter geworfen hat. Bei gleicher Summe ist entscheidend, wer dazu am wenigsten Würfe benötigte. Der Sieger erhält von den Ausgeschiedenen je 10 Chips, von den anderen die Differenz der Augenzahlen.

Nackter Spatz

Ein Augenwürfel.

Jeder würfelt für seinen rechten Nachbarn, dem er den Becher vor die Nase stülpt. Dem Nachbarn gehört die geworfene Augenzahl — mit einer Ausnahme: Wer eine Eins (einen »nackten Spatz«) würfelt, muß von seiner Summe einen Punkt abziehen.

Gewonnen hat, wer nach 6 Runden am meisten Punkte hat.

Sultan

Ein Augenwürfel, Chips.

Reihum wird gewürfelt. Wer zuerst eine Sechs wirft, wird zum Sultan ernannt. Er schreibt seinen Mitspielern den »Trumpf« vor, eine Augenzahl von Eins bis Fünf, die sie würfeln müssen. Wer den Befehl des Sultans nicht erfüllt, muß ein Chip in die Kasse des hohen Herrn bezahlen. Wer dagegen die geforderte Augenzahl wirft, bekommt vom Sultan so viele Chips, wie sie Augen hat. Würfelt jemand eine Sechs, wird der Sultan abgelöst.

Früh verliert

Ein Augenwürfel.

Ein Spieler würfelt und gibt damit den »Trumpf« vor. Diese Augenzahl soll man möglichst nicht werfen. Anschließend hat jeder 10 Würfe.

Es gewinnt, wer den »Trumpf« nicht würfelt. Es verliert, wer den »Trumpf« mit den wenigsten Würfen erreicht.

Das große Herz

Ein Augenwürfel, Papier und Bleistift.

Jeder zeichnet auf ein Papier ein großes Herz und teilt es in 6 Kammern. Im weiteren Spielverlauf muß in jedes Feld eine Augenzahl von Eins bis Sechs so eingetragen werden, daß am Ende die Felder hintereinander mit 1 — 2 — 3 — 4 — 5 — 6 besetzt sind.

Die Spieler würfeln reihum und tragen die geworfenen Augenzahlen ein. Kann einer die gewürfelte Zahl nicht mehr verwerten, muß er diese Augen seinem linken Nachbarn überlassen. Kann der sie ebenfalls nicht gebrauchen, geht die Zahl an den übernächsten usw. — Wenn kein Spieler die weitergereichte Augenzahl verwerten kann, verfällt der Wurf.

Verlierer ist, wer als letzter noch eine oder mehrere Herzkammern frei hat.

Das Sechserspiel

Ein Augenwürfel, Papier und Bleistift.
Zunächst wird eine Tabelle gezeichnet, mit den Reihen 1 bis 6 und mit einer Spalte für jede teilnehmende Person. Darunter ist eine Summenzeile.

	Anton	Berta	Claudia	Dora	Emil
1		1			
2					
3					
4					
5					
6	30				
Summe					

Die Spieler würfeln abwechselnd, multiplizieren die geworfene Zahl mit einer beliebigen, bisher noch nicht verwendeten Zahl vom Rand der Tabelle und tragen das Produkt in dieser Reihe unter ihrem Namen ein. Gute Würfe sind möglichst mit hohen Multiplikatoren in Verbindung zu bringen. So bringen z. b. 6 Augen in der Sechserreihe 36 Punkte, in der Zweierreihe jedoch nur 12 Punkte.
In unserem Beispiel hat Anton eine Fünf geworfen und in der Sechserreihe 30 Punkte (5×6) eingetragen. Berta hat eine Eins geworfen und in der Einserreihe einen Punkt (1×1) eingetragen.
Sieger ist, wer nach 6 Würfen am meisten Punkte sammeln konnte.

Höchste Hausnummer

Ein Augenwürfel, Papier und Bleistift.
Es kommt darauf an, die höchste Hausnummer zu erreichen. Jeder hat 3 Würfe. Nach jedem muß er sofort entscheiden, ob die geworfene Augenzahl an die Einer-, Zehner- oder Hunderterstelle einer dreistelligen Zahl kommen soll. Wer anfangs eine Eins wirft, wird sie an die Einerstelle setzen. Wer zu Beginn eine Sechs würfelt, wird sie an die vorderste Stelle der Hausnummer schreiben.

Niedrigste Hausnummer

Ein Augenwürfel, Papier und Bleistift.
Das gleiche Spiel, nur mit umgekehrten Vorzeichen. Es gewinnt, wer mit 3 Würfen die niedrigste Hausnummer zusammenstellen kann.

Häuser Würfeln

Ein Augenwürfel, Papier und Bleistift, Chips.
Jeder wählt eine Glückszahl von 1 bis 6 und schreibt sie auf. Dann wird reihum gewürfelt. Jeder, der seine Glückszahl wirft, darf einen Teil seines Hauses zeichnen.
Gewonnen hat, wer als erster alle 13 Teile beisammen hat. Die Verlierer zahlen an den Gewinner für jeden Strich, der an ihren Häusern noch fehlt, je ein Chip.

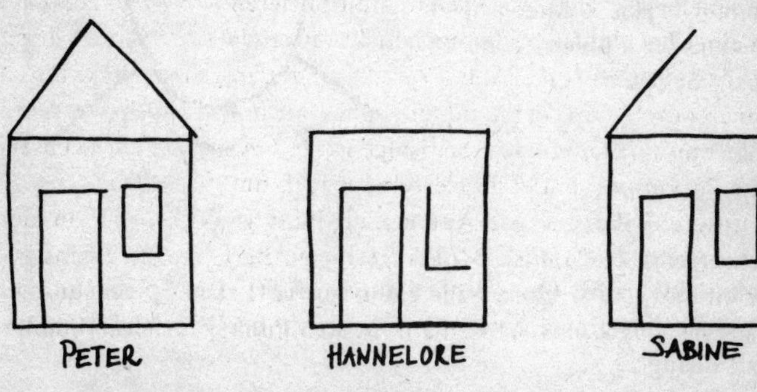

Mariechen von vorn

Ein Augenwürfel, Papier und Bleistift.
Jeder hat 6 Würfe hintereinander. Gewertet werden nur diejenigen, die in der Reihenfolge mit der geworfenen Augenzahl übereinstimmen. Ideal wäre: 1. Wurf: Eins — 2. Wurf: Zwei — 3. Wurf: Drei — 4. Wurf: Vier — 5. Wurf: Fünf — 6. Wurf: Sechs.
Alle gelungenen Würfe werden addiert. Sieger ist, wer die meisten gültigen Augen erzielen konnte.
Eine Variante ist das »Mariechen von hinten«: Die gewürfelte Augenzahl und die Wurfreihenfolge müssen gegenläufig sein. Also: 1. Wurf: Sechs — 2. Wurf: Fünf — usw.

Läuse Würfeln

Ein Augenwürfel, Papier und Bleistift.
Jeder Spieler nennt eine Glückszahl von 1 bis 6 und schreibt sie auf. Abwechselnd wird je einmal geworfen. Wer seine Glückszahl würfeln konnte, darf ein Stück der Laus auf sein Blatt malen.
Sieger ist, wer zuerst alle 13 Teile seiner Laus zu Papier gebracht hat.
Eine Laus besteht aus Kopf, Körper, 2 Augen, 6 Beinen, 2 Fühlern und einem Schwänzchen.

Knipsen

Ein Augenwürfel.
Dieses Spiel wird ohne Becher durchgeführt. Die Spieler knipsen mit dem Zeigefinger gegen die Oberkante des Würfels, so daß er hochspringt.

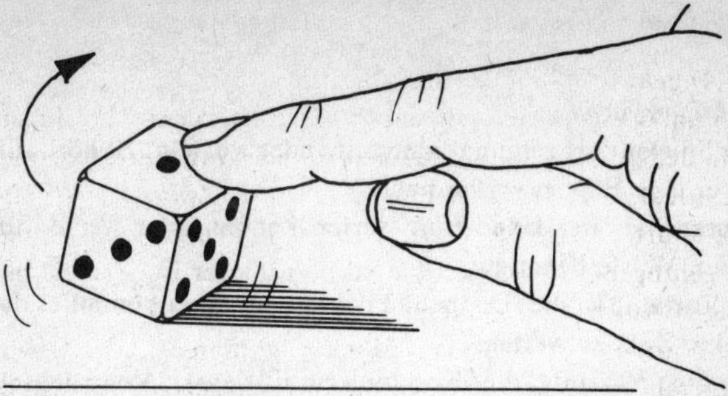

Reihum wird geknipst. Sieger ist, wer als erster eine vorher bestimmte Augenzahl erreicht. Im allgemeinen wird bis 50 geknipst. Eine Variante dieses Spieles ist das »Knipsen mit Schikane«: Wer beim Addieren der geknipsten Augen die runden Zahlen 10, 20, 30 oder 40 erreicht, muß von der Summe 10 abziehen.

Doppelte Liebe

Ein Augenwürfel, Kreide.

Jeder Teilnehmer malt die Ziffern von 1 bis 6 auf ein Papier oder — noch zünftiger — mit Kreide auf die Tischplatte. Ziel des Spiels ist es, so schnell wie möglich alle Ziffern von 1 bis 6 in beliebiger Reihenfolge zu würfeln. Wer eine Zahl wirft, die noch nicht abgestrichen ist, streicht sie durch und darf weiterwürfeln. Wer eine Zahl würfelt, die schon gelöscht ist, gibt den Würfelbecher an seinen linken Nachbarn weiter.

Gewonnen hat, wer als erster alle 6 Ziffern vom Zettel — oder von der Tischplatte — getilgt hat.

Filzlaus

Ein Augenwürfel.
Jeder Spieler darf zehnmal hintereinander würfeln. Er hört auf, sobald er eine Eins geworfen hat.
Verloren hat, wer keine Eins werfen konnte, oder wer dafür die meisten Würfe benötigte.
Eine Variante ist die »Doppelte Filzlaus«: Hierbei kommt es darauf an, eine Zwei zu werfen.
Noch eine Variante, die »Kombinierte Filzlaus«: Vor jedem seiner 10 Würfe entscheidet sich der Spieler, ob er eine Eins oder eine Zwei werfen möchte und sagt dies laut an.

Die 21. Eins

Ein Augenwürfel.
Es wird reihum gewürfelt und mitgezählt, wie oft die Eins fällt. Gewonnen hat, wer die 21. Eins wirft.

Marathon

Ein Augenwürfel.
Bei dieser Variante des vorhergehenden Spiels geht es über 42 Kilometer, d. h. über 42 Einser. Der Sieger bei Halbzeit (der Spieler, der die 21. Eins geworfen hat), darf zur Belohnung beim Stand von 40 dreimal würfeln.

Die »Soma«-Würfel

Kalkulus, der Mathematiker, schüttelte mißbilligend seinen Kopf, als wir gestern gemütlich beisammensaßen und knobelten. Ob wir denn nicht wüßten, meinte er, daß der Würfel an sich in erster Linie ein von 6 Quadraten begrenzter regelmäßiger Körper sei, mit dem man geometrische Experimente anstellen sollte, anstatt ihn mit Augen zu versehen und »Kuhschwanz« zu spielen? Und dann erzählte er von seinem großen dänischen Kollegen Piet Hein, dem bekannten Mathematiker und Schriftsteller, und von dessen genialer Erfindung »Soma«. Diese Geschichte möchte ich kurz nacherzählen.

Piet Hein saß in einer Vorlesung Werner Heisenbergs über Quantenphysik. Während der berühmte Physiker über der Zerlegung des Raumes in Würfel sprach, gingen die Gedanken Piet Heins dahin, aus Würfel unregelmäßige Körper zusammenzusetzen, also solche, die keine Quader sind, weil sie irgendwo Krümmungen haben.

Er beschränkte sich dabei auf 2, 3 und 4 Würfel. Aus 2 Würfeln kann man keinen unregelmäßigen Korper formen, sondern lediglich einen Quader. Vorausgesetzt natürlich, man setzt eine Würfeloberfläche genau auf die andere. Erst mit 3 Würfeln kann man eine zweite Ebenenrichtung, senkrecht zur ersten, bilden (siehe Abbildung 1) und damit einen unregelmäßigen Körper. Mit einem vierten Würfel kann man eine Ebenenrichtung verlängern (Abbildungen 2 und 3), in eine Ebenenrichtung ein zweites Mal einbiegen (Abbildung 5), sowie eine dritte Ebenenrichtung, senkrecht zu den beiden anderen, einführen (Abbildungen 4, 6 und 7).

Man kann also aus 3 oder 4 Würfeln 7 unregelmäßige Körper formen, die alle unterschiedlich sind, wobei 2 davon Spiegelbilder sind (die Abbildungen 4 und 7). Diese 7 Körper haben insgesamt 27 Würfel (3 hoch 3). Piet Hein überlegte sich nun, daß es möglich sein müßte, daraus einen großen Würfel von der Kantenlänge 3 zusammenzusetzen.

Nach der Vorlesung klebte Piet Hein 27 Holzwürfel so zusammen, daß sie die 7 unregelmäßigen Körper bildeten und er überzeugte sich davon, daß seine Vermutung stimmte: Sie ließen sich zu einem großen Würfel zusammensetzen! Nun konnte Piet Hein folgenden

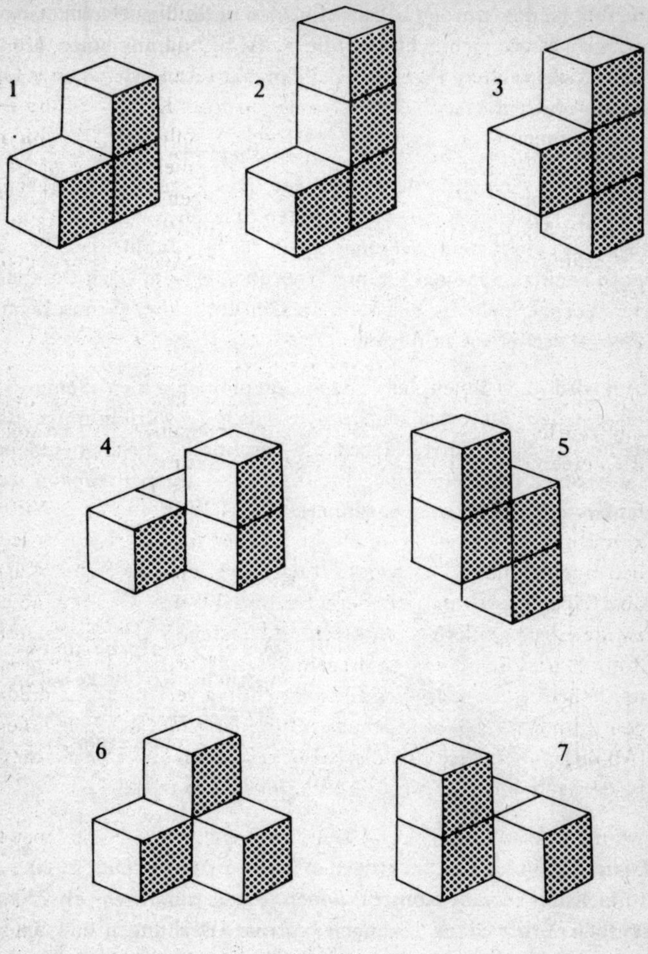

eigenartigen geometrischen Satz aufstellen: »Betrachtet man alle unregelmäßigen Körper, die aus nicht mehr als 4 gleichgroßen und an den Seitenflächen verbundenen Würfeln bestehen, so lassen sich diese Figuren zu einem großen Würfel zusammensetzen.«

Diese 7 Körper wurden in Skandinavien unter dem Namen »Soma« auf den Markt gebracht und die Aufgabe, daraus einen großen Würfel oder andere Figuren zu bilden, hat seither viele Denksportler an- und aufgeregt.

Martin Gardner, Spezialist für mathematische Rätsel, stellte »Soma« im »Scientific American« vor. Das Ergebnis war überwältigend: Tausende von Lesern sandten Skizzen von neuen »Soma«-Figuren, Lehrer stellten »Soma«-Spiele für ihre Schüler her, Psychologen benutzten »Soma« für ihre Tests und die Gem Color Company, New York, erhielt von Piet Hein die Genehmigung, »Soma« herstellen und vertreiben zu dürfen.

Nun wird auch Ihnen, lieber Leser, empfohlen, einen »Soma«-Satz herzustellen. Sie brauchen dazu lediglich 27 würfelförmige Bausteine, die Sie an den Flächen wie beschrieben zusammenkleben. Sie besitzen dann ein Spiel, das Ihnen und Ihren Freunden stundenlange Beschäftigung garantiert.

Als erste Aufgabe können Sie versuchen, 2 Stücke so aneinanderzulegen, daß sich eine kleine Treppe ergibt.

Dann sollten Sie sich am großen Würfel versuchen. Dies ist eine der einfachsten »Soma«-Konstruktionen. Bisher sind mehr als 230 wesentlich verschiedene Lösungen bekannt (Drehungen und Spiegelungen nicht inbegriffen).

Schließlich können Sie Ihr räumliches Vorstellungsvermögen an den folgenden 24 Figuren testen und schulen. Eine davon läßt sich allerdings nicht aus den 7 »Soma«-Teilen bilden.

1 Welche ist das?

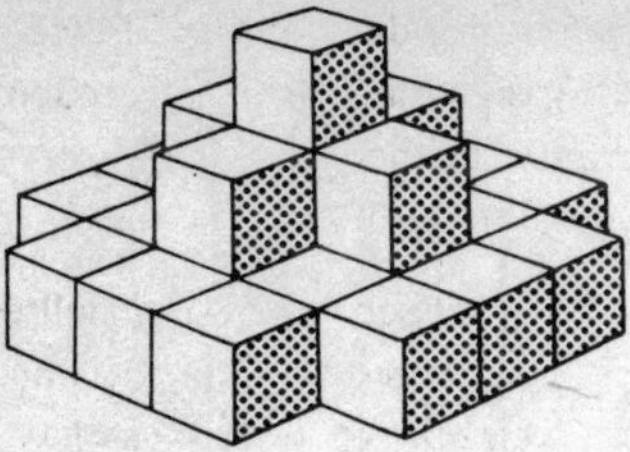

Pyramide

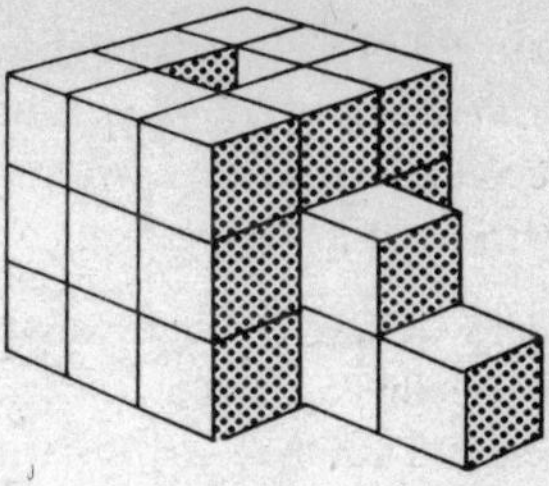

Brunnen

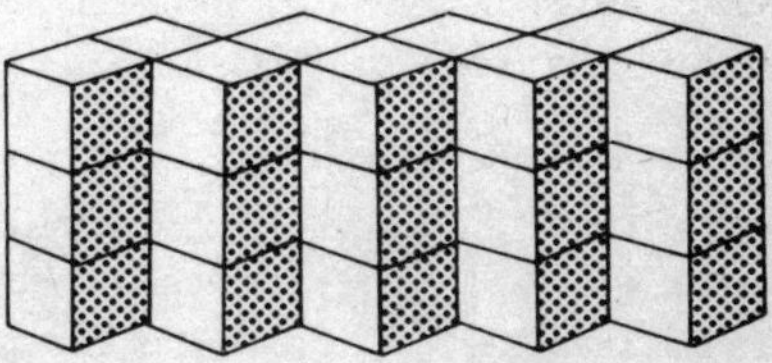

Mauer 1

Hund

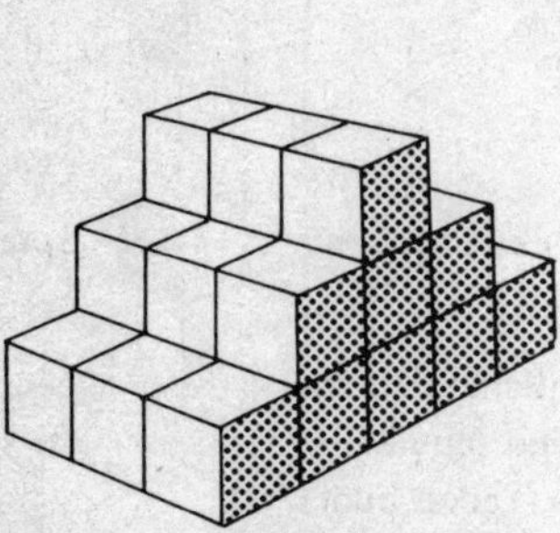

Treppe

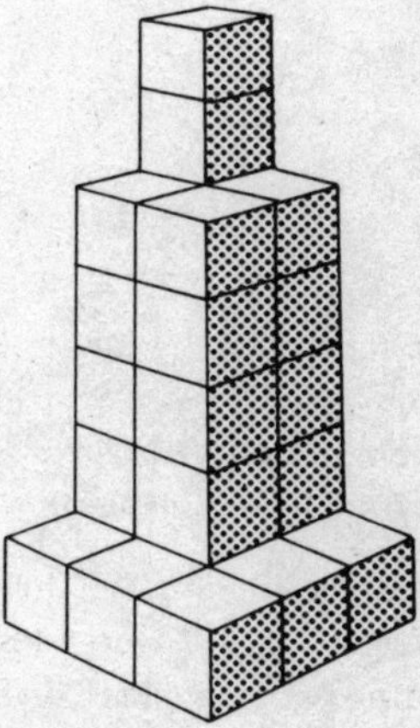

Wolkenkratzer

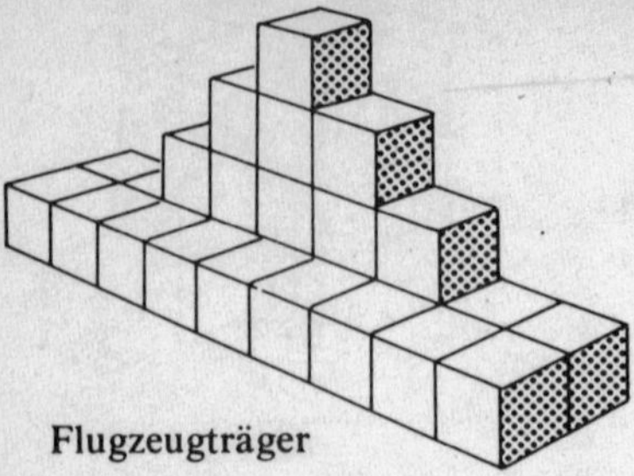

Flugzeugträger

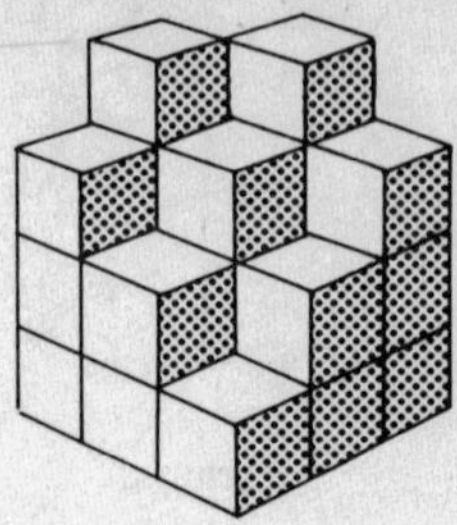

Kristall

Kreuz

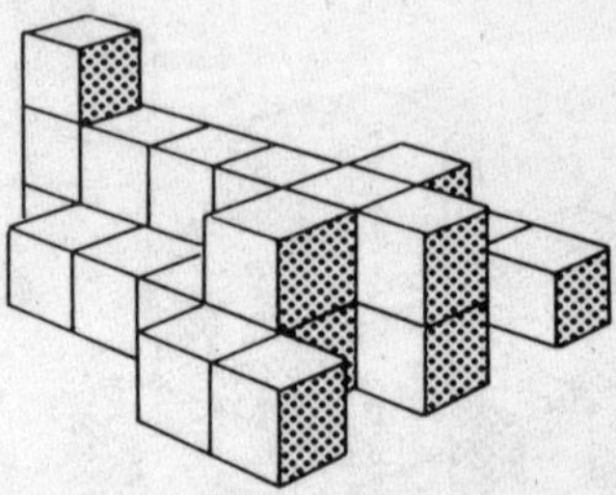

Skorpion

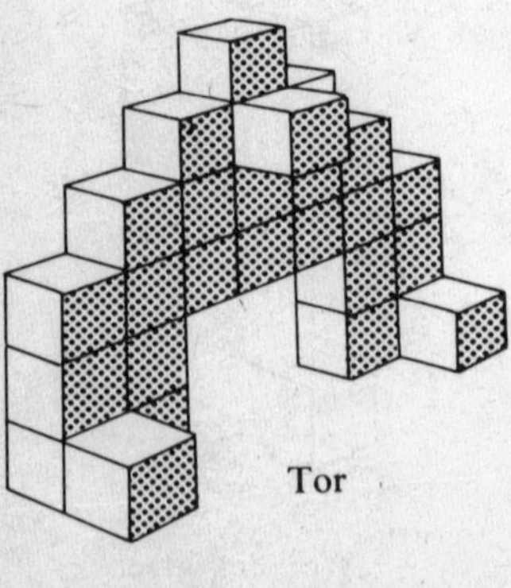

Tor

Galgen

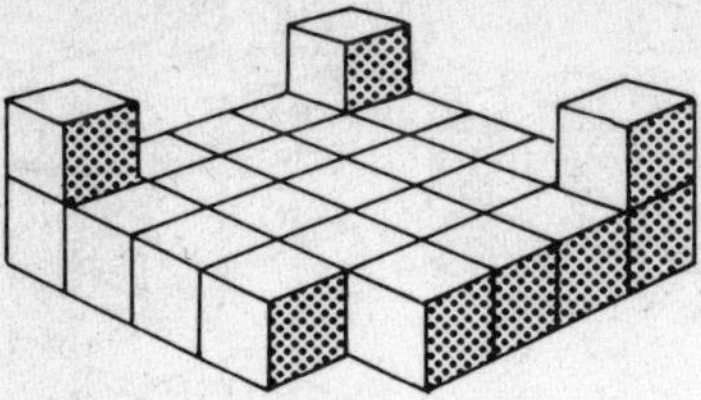

Schloß

Stuhl

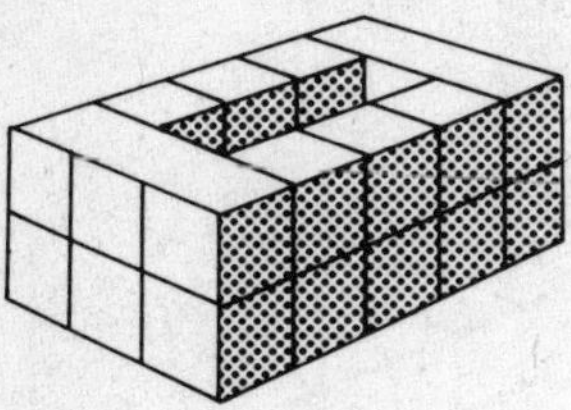

Badewanne

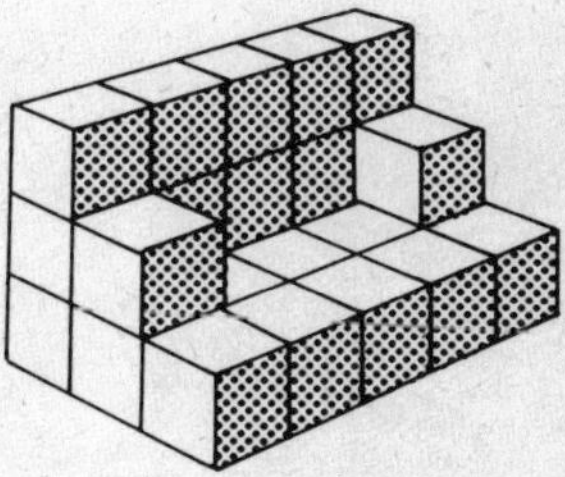

Sofa

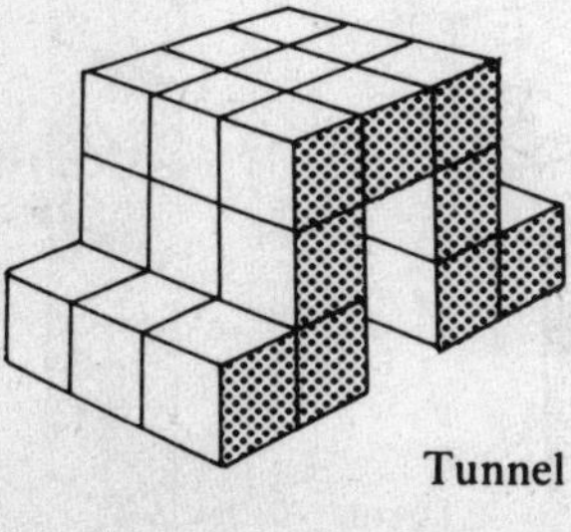

Tunnel

Dampfschiff

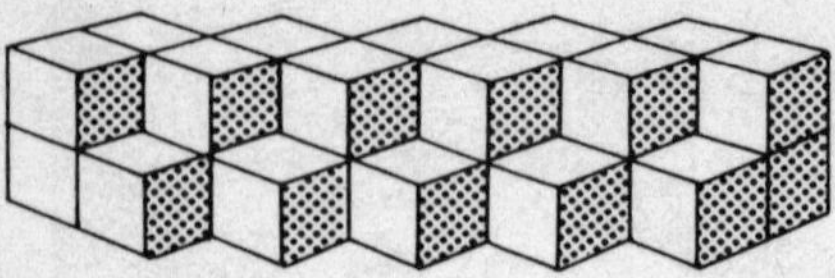

Mauer 2

Modernes Wohnhaus

Kirche

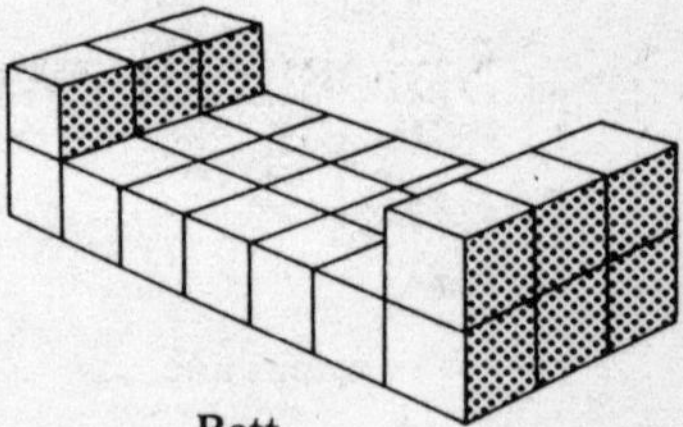

Bett

Schlange

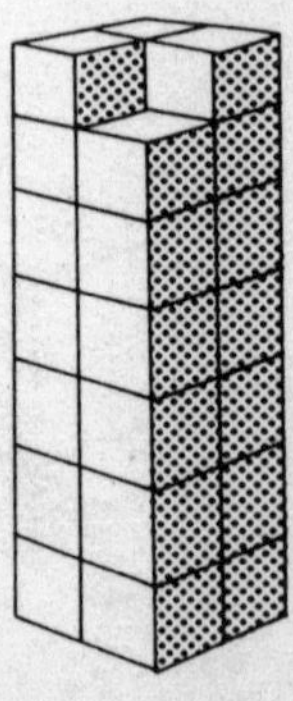

Turm

Spiele mit zwei Würfeln

Himmel und Hölle

2 Augenwürfel, Papier und Bleistift.

Zunächst wird die Rundenzahl festgelegt und dann wird reihum gewürfelt. Bei jedem Wurf werden die obenliegenden Augen (»Himmel«) als Zehner, die untenliegenden Augen (»Hölle«) als Einer gewertet.

Hat z. B. jemand Sechs und Zwei geworfen, wird so gezählt:

1. Würfel Sechs oben = 60, Eins unten = 1, zusammen = 61.
2. Würfel Zwei oben = 20, Fünf unten = 5, zusammen = 25.

Die Summe beider Würfel (»Himmel« und »Hölle«) ist 86.

Wer nach der festgelegten Rundenzahl das höchste Gesamtergebnis hat, der hat gewonnen.

Tolpatsch und Xanthippe

2 Augenwürfel.

Reihum wird mit folgendem Ziel gewürfelt: Wer wirft als erster einen Tolpatsch und eine Xanthippe oder umgekehrt?

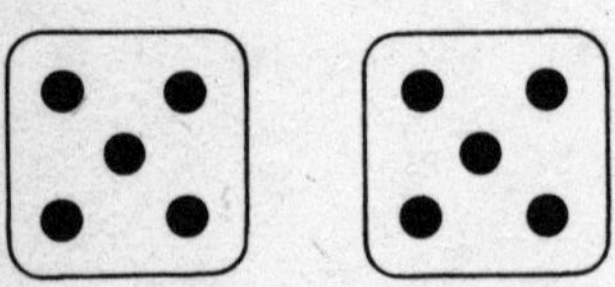

Ein Tolpatsch ist ein Pasch = 2 gleiche Augenwerte, also z. B. 2 Einser oder 2 Dreier oder 2 Fünfer (siehe links).

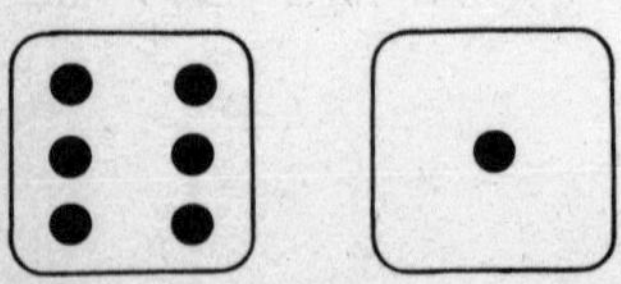

Eine Xanthippe ist ein Wurf von 7 Augen, also z. B. ein Dreier und Ein Vierer oder ein Sechser und ein Einser (siehe links).

Lustige Sieben

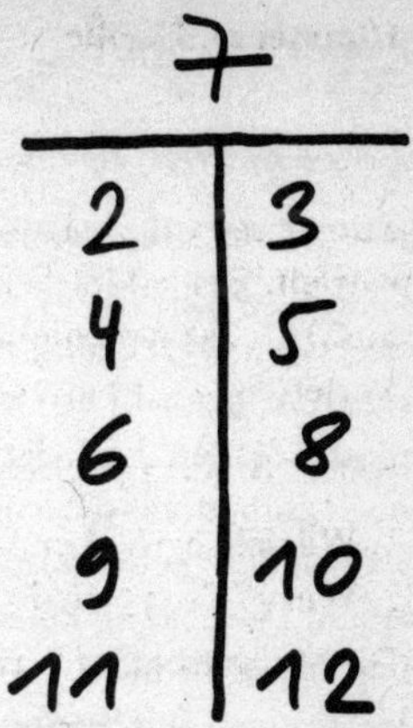

2 Augenwürfel, Papier und Bleistift, Chips.

Zuerst wird nebenstehende Zeichnung angefertigt.

Jeder bekommt gleich viele Chips. Ein Spieler übernimmt die Bank und würfelt gegen alle anderen.

Die Gegenspieler des Bankhalters setzen in beliebiger Höhe auf beliebige Felder und merken sich ihre Einsätze.

Wirft der Bankhalter eine Zahl der linken Reihe, dann darf er alle Einsätze der linken Seite und die Einsätze auf der Sieben kassieren. Die Einsätze der rechten Reihe muß er verdoppeln und zurückzahlen.

Wirft der Bankhalter eine Zahl der rechten Reihe, kassiert er die rechte Seite ab und zahlt doppelt für die linke Seite aus. Die Einsätze auf der Sieben bleiben in diesem Falle stehen.

Wird aber eine Sieben gewürfelt, so haben beide Reihen verloren, während alle Einsätze auf der Sieben in dreifacher Höhe ausbezahlt werden.

Händchen

2 Augenwürfel.

Die Rundenzahl wird festgelegt. Dann würfelt man reihum. Gezählt werden nur die Fünfer (das »Händchen«) als 5 Augen. Ein Fünfer-Pasch gilt als 5×5 = 25 Augen.

Punkte Löschen

2 Augenwürfel, Kreide.

Das ist ein altes Landsknechtspiel. Darum sollte man es auch mit Kreide und nicht mit Papier und Bleistift spielen.
Im ersten Durchgang malt derjenige, der in einer Runde die niedrigste Augenzahl erreichte, mit Kreide einen Punkt auf die Tischplatte. Haben 2 Spieler gleich wenige Augen geworfen, würfeln sie noch einmal, bis derjenige feststeht, der den Punkt bekommt. Nach 10 Runden stehen also 10 Punkte auf dem Tisch. Wer nach dem ersten Durchgang keinen Punkt bekam, braucht bei den folgenden Löschrunden nicht mehr mitzuspielen.
Im zweiten Durchgang darf derjenige, der die höchste Augenzahl erreichte, einen Punkt auslöschen. Haben 2 Spieler gleich viele Augen geworfen, würfeln sie noch einmal, bis derjenige feststeht, der den Punkt löschen darf. Wer alle seine Punkte löschen konnte, scheidet aus. Wer als letzter mit Punkten übrigbleibt, hat verloren und zahlt eine Runde.

Finke

2 Augenwürfel, Kreide, Chips.

Noch ein Spiel, das auf alte Landsknechttradition zurückgeht. Es wird auch »Pinke« oder »Finke berupfen« genannt. Zunächst wird die »Finke« mit Kreide auf den Tisch gemalt (siehe rechts). Jeder Spieler bekommt ein Startkapital von mindestens 20 Chips, Streichhölzern oder Münzen.
Nun wird reihum gewürfelt. Die geworfene Augenzahl muß auf das betreffende Feld eingezahlt werden. Liegt dort aber schon ein Einsatz, darf dieser kassiert werden.
Jeder darf solange würfeln, bis er auf ein Feld trifft, das noch nicht belegt ist, um dort einzuzahlen.
Eine Ausnahme bildet die Sieben: Dort muß immer eingezahlt wer-

den, auch wenn das Feld schon belegt ist. Die Sieben faßt also beliebig viele Chips.

Wer nun aber eine Zwei oder eine Zwölf wirft, darf alle Einsätze wegnehmen, also auch die Einsätze auf der Sieben. Dann muß er nochmals würfeln. Wirft er wiederum 2 oder 12 Augen, muß er alle Felder (auch die Zwei und die Zwölf) mit je einem Chip belegen. Wer sein Startkapital verloren hat, scheidet aus. Wer zuletzt übrigbleibt, kassiert alle Felder ab.

Bei einer Variante darf man bei 2 Augen nur die »normalen« Felder (also nicht die Felder 2, 7 und 12) abräumen, bei 12 Augen aber alle Felder.

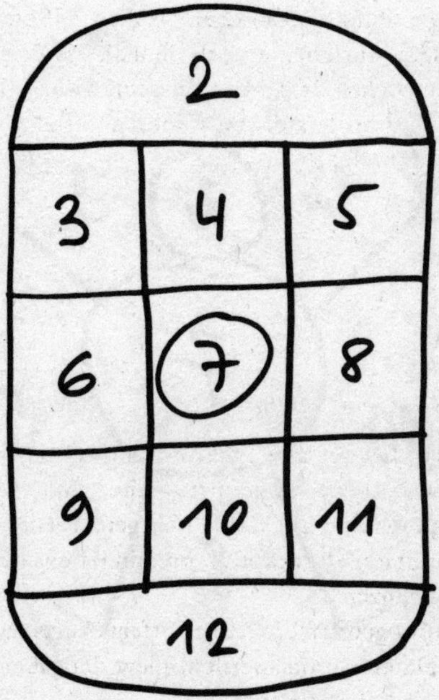

Schluck, Hansel

2 Augenwürfel, Papier und Bleistift, Chips.

Der Hansel wird auf ein Blatt gemalt. Jeder bekommt 4 Chips und dann wird reihum gewürfelt.
Jeder besetzt die Augenzahl, die er geworfen hat, mit einem Chip. Aber nur, wenn dort noch nichts liegt. Liegt auf der gewürfelten Augenzahl bereits ein Chip, darf dieser kassiert werden. Eine Ausnahme ist wiederum die Sieben. Wer 7 Augen wirft, legt auf jeden Fall ein Chip dem Hansel in den unersättlichen Bauch.
Wer alle Chips versetzt hat, scheidet aus. Wer als letzter übrigbleibt, hat gewonnen und kassiert.

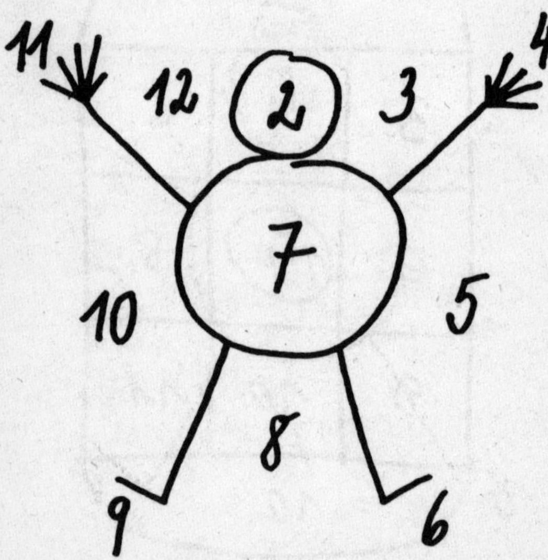

Glückspeter

2 Augenwürfel, Papier und Bleistift, Chips.

Das ist der österreichische Vetter vom Hansel. Zunächst wird der »Glückspeter« auf ein Blatt Papier gezeichnet. Jeder bekommt 7 Chips und dann wird reihum gewürfelt.
Die geworfene Augenzahl wird mit einem Chip belegt, wenn dort noch nichts liegt. Sonst muß dieser Chip kassiert werden. Eine Ausnahme ist das Feld 10. Dort darf immer eingezahlt werden.
Gewonnen hat diesmal, wer als erster seine Chips loswerden konnte.

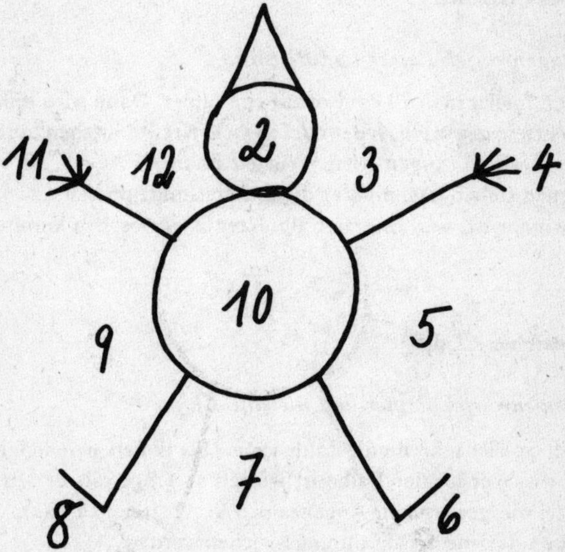

Todessprung

2 Augenwürfel.

Ein Spieler nennt eine Zahl von 30 bis 50. Links von ihm beginnend wird reihum gewürfelt. Jeder kann wahlweise mit einem oder mit beiden Würfeln werfen.
Die Augenzahlen aller Spieler werden zusammengezählt. Wer kommt möglichst nahe an die genannte Zahl heran, ohne sie zu erreichen oder zu überschreiten? Wer die genannte Zahl erreicht oder überschreitet, hat verloren, weil ihm der Todessprung mißlungen ist.

Kreuze Löschen

2 Augenwürfel, Papier und Bleistift.

Jeder Spieler malt 20 Kreuze auf ein Papier. Dann wird reihum mit 2 Würfeln geworfen. Jeder darf so viele Kreuze löschen (durchstreichen), wie er Augen wirft. Würfelt er mehr Augen, als er noch Kreuze stehen hat, muß er die Differenz dazumalen.
Gewinner ist, wer als erster alle Kreuze weglöschen konnte.

Gestrichene Zwölf

2 Augenwürfel, Papier und Bleistift, Chips.

Jeder Spieler schreibt die Zahlen von 2 bis 12 nebeneinander auf ein Papier. Wer an der Reihe ist würfelt so lange, als er auf seinem Zettel die geworfenen Augenzahlen durchstreichen kann. Nur die Sieben darf mehrfach durchgestrichen werden.
Wer zuerst alle seine Zahlen durchstreichen konnte, zahlt an jeden Mitspieler so viele Chips, wie jeder noch ungestrichene Zahlen hat. Andererseits zahlt jeder an den Sieger je 10 Chips für jeden Siebenerstrich auf dessen Blatt.

Elf hoch

2 Augenwürfel, Chips.

Jeder setzt 3 Chips in den Pott (in die Mitte des Tisches). Dann wird reihum gewürfelt. Wer als erster 11 Augen wirft, darf alles kassieren. Wer 12 Augen wirft, muß die Kasse verdoppeln. Wer unter 11 Augen würfelt, muß die Differenz auf 11 in den Pott legen.
Wer keine Chips mehr hat, scheidet aus. Gewonnen hat, wer als letzter übrigbleibt oder wer nach einer festgesetzten Zeit am meisten Chips besitzt.

Die Spinne

2 Augenwürfel, Papier und Bleistift, Chips.

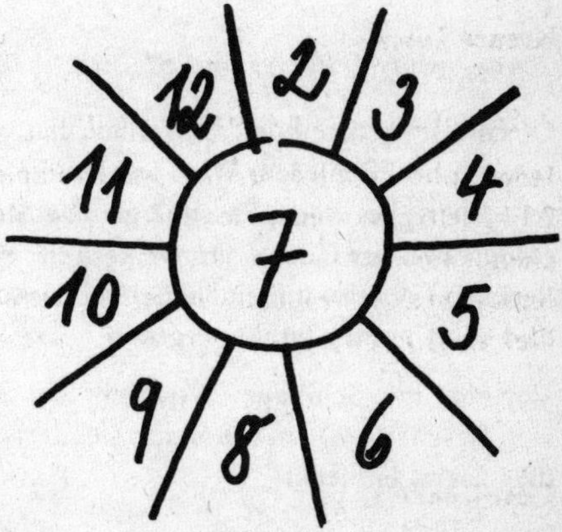

Jeder malt eine Spinne auf sein Papier. Mit der Sieben in der Mitte und mit den Zahlen von 2 bis 6 und von 8 bis 12 rundherum.

In der ersten Runde würfelt jeder einmal und streicht die geworfene Zahl ab. Ab der zweiten Runde würfelt und streicht jeder so lange, bis er auf eine bereits gestrichene Zahl trifft. Nur die Sieben darf mehrmals abgestrichen werden.
Das Spiel ist aus, wenn ein Spieler alle Zahlen — die Sieben eventuell mehrmals — durchgestrichen hat. Er zahlt an jeden Mitspieler für jede auf dessen Blatt noch nicht durchgestrichene Zahl ein Chip. Er erhält andererseits für jeden Strich auf seiner eigenen Sieben von jedem Mitspieler 10 Chips.

Teilen

2 Augenwürfel, Chips.

Jeder Spieler hat 2 Würfe, den ersten mit 2 Würfeln und den zweiten mit einem Würfel. Läßt sich die addierte Augenzahl des ersten Wurfes durch die Augenzahl des zweiten Wurfes ohne Rest teilen, so erhält der Spieler einen Punkt (ein Chip).

Wer zuerst 10 Punkte erreicht, ist der Sieger.

Dufte Hundert

2 Augenwürfel, Papier und Bleistift.

Gewürfelt wird reihum. Gewonnen hat, wer als erster 100 Augen erreicht hat. Bei jedem Wurf werden die Augenzahlen beider Würfel addiert, bei einem Pasch (2 gleiche Augenwerte) sogar multipliziert und zur Gesamtsumme gezählt. Ein Sechserpasch (Sechs + Sechs) bringt also mit einem Schlag 36 Augen, während z. B. Sechs und Fünf nur 11 Punkte ergeben.

Variante mit Schikane: Übersieht ein Spieler das Multiplizieren von Paschaugen, so bekommt sie derjenige gutgeschrieben, der dies zuerst entdeckt.

Unter oder über Sieben

2 Augenwürfel, Chips.

Reihum ist jeder einmal Spielmacher und wettet gegen die anderen, ob er unter oder über 7 Augen werfen wird. Seine Mitspieler setzen dagegen. Wer die Wette gewonnen hat, darf kassieren. Fällt jedoch eine Sieben, muß der Einsatz verdoppelt werden.

Teure Sieben

2 Augenwürfel, Papier und Bleistift.

Jeder Spieler hat einen Zettel mit den Zahlen 2 — 3 — 4 — 5 — 6 — 8 — 9 — 10 — 11 — 12 vor sich liegen. Die Eins und die Sieben fehlen also. Jeder würfelt so lange, als er die geworfene Augenzahl von seinem Blatt abstreichen kann. Wirft er eine Augenzahl, die bei ihm bereits abgestrichen ist, kommt der linke Nachbar dran und übernimmt diese Augenzahl als »Bonus«. Kann er sie auch nicht mehr abstreichen, geht die Zahl an den übernächsten usw. Kann keiner diese Augenzahl verwerten, so verfällt der Wurf. Wer eine Sieben wirft, bekommt — von unten her — 7 Zahlen gestrichen. Verloren hat, wer zuerst alle seine Zahlen abstreichen mußte.

Craps

2 Augenwürfel, Chips.

Dieses Wett- und Würfelspiel kommt aus den USA. Man benutzt dazu keinen Becher, sondern man wirft die Würfel mit der Hand auf den Tisch oder gegen eine Mauer.

Zunächst wird eine Runde gewürfelt, um den ersten Spielmacher zu bestimmen. Dieser nennt dann eine beliebige Zahl von 2 bis 12 und setzt darauf einen Betrag. Die Gegenspieler setzen zusammen in gleicher Höhe dagegen. Wirft der Macher die von ihm genannte Zahl, so hat er gewonnen. Wirft er eine andere Zahl, so hat er jedoch noch nicht verloren! Es wird weitergewürfelt. Nun ist die gewürfelte Zahl diejenige, die ihm Glück bringt, wenn sie noch einmal fällt. Fällt vorher aber die ursprünglich genannte Zahl, so hat der Macher verloren. Dann kassieren die Gegenspieler entsprechend ihrem Einsatzanteil.

Beim nächsten Spiel wird der nächste in der Runde zum neuen Spielmacher.

Einfacher Pasch

2 Augenwürfel, Papier und Bleistift.

Die Rundenzahl wird festgelegt und dann wird reihum gewürfelt. Nur die Paschwürfe werden gewertet und aufgeschrieben. Gewonnen hat, wer mit Paschwürfen die höchste Summe erreichte.

Wieviel Augen?

2 Augenwürfel.

Zum Abschluß führt uns Trixor, der Zauberer, einen kleinen Trick vor. Er fordert einen Mitspieler dazu auf, mit 2 Würfeln zu werfen, die Augenzahl des ersten Würfels zu verdoppeln, 5 hinzuzuzählen, mit 5 zu multiplizieren und die Augen des zweiten Würfels hinzuzuzählen. Das Ergebnis dieser Rechnung wird dem Magier mitgeteilt. Trixor weiß dann sofort die Augenzahlen, die geworfen wurden.

2 Wie hat er das gemacht? Er hatte während des Würfelns und Rechnens dem Tisch den Rücken zugekehrt.

Spiele mit drei Würfeln

Blaue Augen

3 Augenwürfel.

Reihum wird gewürfelt. Nur die geraden Zahlen (2, 4, 6) gelten und werden zusammengezählt.

Graue Augen

3 Augenwürfel.

Reihum wird gewürfelt. Nur die ungeraden Zahlen (1, 3, 5) gelten und werden addiert.

Sterne würfeln

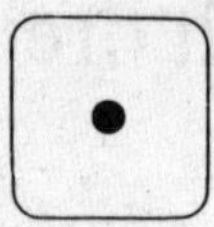

3 Augenwürfel.

Jeder darf dreimal würfeln. Nur die Einser (die »Sterne«) werden gezählt.

Um den Stern

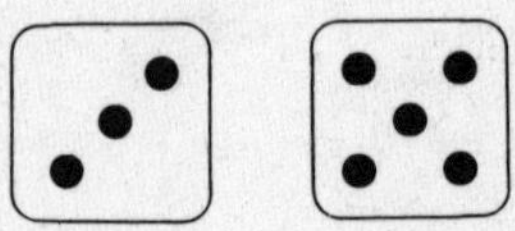

3 Augenwürfel.

Gewertet werden nur die Augen, welche um einen mittleren Punkt liegen. Die Eins hat zwar einen Mittelpunkt, doch nichts liegt darum herum, also zählen sie nichts. Die Zwei, die Vier und die Sechs gelten ebenfalls nichts, weil sie keinen »Stern« haben. Dagegen gelten die Drei für 2 Punkte und die Fünf für 4 Punkte, weil diese Augen um einen Mittelpunkt herum liegen.
Es werden 3 Runden gespielt.

Zellenfenster
(Gefängnisluken)

3 Augenwürfel.

Jeder hat je Runde 3 Würfe. Nur die Zweier werden gewertet. Wenn sie einzeln vorkommen, gelten sie einfach. Wenn sie als Zweierpasch (Zwei + Zwei) erscheinen, gelten sie doppelt, also als 4 Zweier. Wenn sie als Dreierpasch (Zwei + Zwei + Zwei) gewürfelt werden, zählen sie dreifach, also als 9 Zweier.
Gewonnen hat, wer als erster 30 Zweier werfen konnte.

Bauernfenster

3 Augenwürfel.

Eine Variation der »Gefängnisfenster«: Nur die Vierer werden gezählt und entsprechend einfach, doppelt oder dreifach gewertet.

Kirchenfenster

3 Augenwürfel.

Diese Fenstervariante wird gewöhnlich über 10 Runden gespielt. Diesmal werden die Sechser gezählt und einfach, doppelt oder dreifach gewertet.

Fensterkombination

3 Augenwürfel.

Jeder hat 3 Würfe. Beim ersten werden die Gefängnisfenster gewertet, beim zweiten die Bauernfenster und beim dritten die Kirchenfenster. Diesmal werden die Augen zusammengezählt. Beim Zweierpasch gelten sie doppelt und beim Dreierpasch dreifach.

Chicago

3 Augenwürfel, Bierdeckel.

Das ist eines der beliebtesten Würfelspiele. Für die Augenbewertung gibt es eine Sonderregelung: Die Eins zählt = 100, die Sechs zählt = 60, und die übrigen Werte gelten entsprechend ihrer Augenzahl.

Der erste Spieler wirft zunächst mit 3 Würfeln. Ist er mit der geworfenen Augenzahl zufrieden, hört er auf. Er kann aber auch wahlweise mit 1 bis 3 Würfeln noch ein zweites und ein drittes Mal werfen, wobei die nicht mehr benutzten Würfel »stehenbleiben« und am Schluß mitzählen.

Wirft er z. B. Eins — Vier — Zwei, kann er die Eins stehenlassen und mit 2 Würfeln ein zweites Mal werfen. Erzielt er damit z. B. Sechs — Drei und hört er dann auf, so hat er 163 Punkte erzielt.

Die anderen Spieler dürfen nun nicht öfter werfen als der erste. Gewonnen hat der Spieler mit der höchsten Punktezahl, bzw. bei gleicher Punktezahl derjenige, der dazu am wenigsten Würfe benötigte. Die höchste Punktezahl, die man erreichen kann, ist dreimal die Eins (»Chicago«) = 300.

Beispiele für die Punktewertung:

300 Punkte (»Chicago«)

100+60+60 = 220 Punkte

60+2+5 = 67 Punkte

3+3+5 = 11 Punkte

Der Spieler mit der niedrigsten Punktewertung ist der Verlierer. Er bekommt einen Bierdeckel. Wer als erster nach einigen Runden 3 Bierdeckel kassieren mußte, bezahlt eine Runde.

Eine zusätzliche Regel ist wahlweise folgende: Wer beim ersten oder zweiten Wurf 2 Sechsen erzielt, kann dafür *einen* Würfel mit der Eins nach oben (= 100) stehenlassen.

Chicago hoch-tief

3 Augenwürfel, Bierdeckel.

Eine Variante vom »einfachen Chicago«.

Der erste Spieler bestimmt nach seinem ersten Wurf, ob es bei der Endabrechnung auf »hoch« (höchste Punktezahl wie beim »einfachen Chicago«) oder auf »tief« (niedrigste Punktezahl) ankommt.

Beim »Tiefspiel« zählen die Augen normal, die Eins also = 1 und die Sechs = 6. Gewonnen hat bei »tief«, wer die niedrigste Punktezahl erreichte, und den Bierdeckel bekommt der Spieler mit der höchsten Punktezahl.

Einundzwanzig

3 Augenwürfel.

Das ist eine Variante von »Quinze«. Gewonnen hat, wer genau 21 Augen erreicht oder den höchsten Wert darunter erzielt. Die erste Runde wird mit 3 Würfeln gespielt, die zweite mit 2 Würfeln und in der dritten wirft man mit einem Würfel.

Sequenzen

3 Augenwürfel.
Jeder Spieler hat 1 bis 3 Würfe. Gezählt werden nur die Zahlenfolgen 1—2—3, 2—3—4, 3—4—5 und 4—5—6. Gewonnen hat, wer die höchste Sequenz erzielte. Erreichen 2 Spieler die gleiche Folge, so gewinnt, wer dazu weniger Würfe benötigte.

Niedrigste Sequenz

Höchste Sequenz

Bei einer Variante kann ein Spieler beim zweiten oder dritten Wurf einen oder 2 Würfel stehenlassen.

Pasch

3 Augenwürfel.
Jeder hat 3 Würfe. Gewertet werden nur die Paschzahlen. 2 Fünfer zählen also 5 und 2 Dreier zählen 3 Punkte. Ein Dreierpasch wird jedoch vierfach bewertet. 3 Sechser zählen also 24.

Zweierpasch mit Vierern
(4 Punkte)

Dreierpasch mit Fünfern
(20 Punkte)

Zehnerspiel

3 Augenwürfel.
Ein Spieler ist der Bankhalter und würfelt für alle. Seine Gegenspieler machen vorher ihre Einsätze. Unter 10 Augen gewinnen sie den doppelten Einsatz. Ab 10 Augen gewinnt der Bankhalter und kassiert alle Einsätze.

Einmal eins

3 Augenwürfel, einer mit Bleistift grau gefärbt.
Jeder Spieler hat einen Wurf. Er addiert die Augen der beiden weißen Würfel und multipliziert die Summe mit der Augenzahl des grauen Würfels.

$(2+5)\times 1 = 7$ Punkte

$(3+4)\times 6 = 42$ Punkte

Gleichpasch

3 Augenwürfel.
Jeder hat 3 Würfe. Ein Zweierpasch und ein Dreierpasch (»Gleichpasch«) werden nach Augen bewertet. Vier—Vier—Drei zählen also z. B. 8 Punkte, Drei—Drei—Drei zählen 9 Punkte und Zwei—Drei—Vier zählen 0 Punkte.

Zweierpasch mit Dreiern
(6 Punkte)

Dreierpasch mit Fünfern
(15 Punkte)

Zentavesta (Die gute Zehn)

3 Augenwürfel.
Jeder hat nur einen Wurf. Die Augen der 3 Würfel werden zusammengezählt. Liegt die Summe unter 10 oder beträgt sie genau 10, so darf eine Prämie von 10 dazugezählt werden. Liegt sie über 10, so werden 10 Augen abgezogen.

Doppeltes Lottchen

3 Augenwürfel.

Reihum wird gewürfelt. Die geworfenen Augenzahlen aller Teilnehmer werden laufend addiert. Verloren hat, wer die Zahl 66 erreicht oder überschreitet.

Siamesische Zwillinge

3 Augenwürfel.

Eine Variante vom »Doppelten Lottchen«, die vor allem bei größerer Teilnehmerzahl gespielt wird. Hierbei kommt es darauf an, die 88 nicht zu erreichen oder zu überschreiten.

Faule Sechs

3 Augenwürfel.

Noch eine gern gespielte Variante: Die Endzahl ist 88. Alle Sechserwürfe werden nicht hinzugezählt, sondern abgezogen.

Der Turm

3 Augenwürfel, Bierdeckel.

Aus vielen Bierdeckeln wird in der Mitte des Tisches ein Turm errichtet. In einer Vorrunde ermittelt jeder Spieler durch Werfen mit einem Würfel seine »Stichzahl«. Es kann auch sein, daß 2 oder mehrere Spieler dieselbe »Stichzahl« haben.
Dann wird reihum mit 3 Würfeln geworfen, wobei jeder Würfel für sich gewertet wird. Sobald eine Stichzahl fällt, nimmt jeder Spieler, der diese Stichzahl hat, je Zahl einen Bierdeckel vom Turm. Wird z. B. Fünf—Fünf—Zwei geworfen, so nimmt jeder, der die »Stich-

zahl« Fünf hat, 2 Bierdeckel vom Turm und jeder mit der »Stichzahl« Zwei einen Deckel.
Wenn der Turm abgebaut ist, wird umgekehrt verfahren. Jetzt kommt es darauf an, den eigenen Bestand an Bierfilzen möglichst schnell loszuwerden. Verloren hat, wer als letzter noch Bierdeckel besitzt.

Streichhölzer auswürfeln

3 Augenwürfel, Streichhölzer.

Jeder Spieler bekommt 10 Streichhölzer. Dann wird reihum gewürfelt. Entscheidend sind die Augenzahlen auf den einzelnen Würfeln. Bei jeder geworfenen Eins geht ein Hölzchen an den rechten Nachbarn, bei jeder Zwei geht ein Hölzchen an den linken Nachbarn. Bei jeder Sechs wandert ein Hölzchen in die Kasse in der Mitte des Tisches. Alle anderen Werte (Drei, Vier und Fünf) haben keine Bedeutung in diesem Spiel. Kann ein Spieler seine Schuld nicht mehr voll begleichen, wird erst eine Sechs, dann eine Zwei und schließlich erst eine Eins ausgezahlt.
Wer kein Holz mehr hat, muß pausieren, bis er durch seine Nachbarn wieder zu Streichhölzern kommt. Verlierer ist, wer das letzte Hölzchen hat, während alle übrigen in die Kasse gewandert sind. Er zahlt die nächste Bierrunde.

Fünf-Finger-Spiel

3 Augenwürfel.

Jeder hat bis zu 10 Würfe. Es kommt darauf an, möglichst früh mit 3 Würfeln 5 Augen zu werfen. Gewonnen hat, wer dies mit den wenigsten Würfen schafft.

Rentmeister

3 Augenwürfel, Papier und Bleistift, Chips.

$$\begin{array}{rcrcr} 3 & \times & 3 & = & 9 \\ 4 & \times & 15 & = & 60 \\ 5 & \times & 8 & = & 40 \\ 6 & \times & 9 & = & 54 \\ 7 & \times & 12 & = & 84 \\ 8 & \times & 7 & = & 56 \\ \hline & & & & 303 \end{array}$$

Jeder Spieler schreibt auf ein Papier die Zahlen von 3 bis 8 untereinander. Dann wird reihum gewürfelt. Jeder hat 6 Würfe.
Die Ergebnisse werden neben die notierten Zahlen geschrieben. Die nebeneinanderstehenden Zahlen werden multipliziert und die Produkte zusammengezählt. Gewonnen hat, wer am meisten Punkte erreichen konnte.
Der Sieger bekommt von jedem Mitspieler ein Zehntel des jeweiligen Punkteunterschiedes ausbezahlt, wobei diese Differenz — wenn nötig — aufgerundet wird. Hat z. B. der Sieger 303 Punkte und der Zweite 245 Punkte, so beträgt die Differenz 58. Davon ein Zehntel sind (aufgerundet) 6 Chips.

Tausend

3 Augenwürfel, Papier und Bleistift.

Es wird reihum gewürfelt. Jeder Teilnehmer schreibt sofort nach seinem Wurf die erzielten Augenzahlen in beliebiger Reihenfolge als dreistellige Zahl auf ein Papier. Wer also z. B. Drei—Fünf—Sechs geworfen hat, kann 356 oder 365 oder 536 oder 563 oder 635 oder 653 niederschreiben.
Es kommt darauf an, mit diesen 3 Würfen möglichst nahe an die Zahl Tausend heranzukommen, diese aber nicht zu überschreiten. Gewonnen hat, wer die 1000 erreichen konnte oder eine Summe möglichst dicht darunter erzielen konnte.

Kleeblatt

3 Augenwürfel, Chips. Ein Spiel für 3 Personen.
Zunächst werden 11 Chips in die Mitte gelegt. Reihum wird gewürfelt. Wer weniger als 11 Augen wirft, darf 2 Chips vom Tisch nehmen. Wer mehr als 11 Augen wirft, muß zusehen, wie seine Mitspieler je ein Chip kassieren. Bei genau 11 Augen bekommt keiner was.
Die letzte (elfte) Spielmarke, die auf dem Tisch bleibt, dient zum Stechen. Diesen Chip erhält, wer die höchste Augenzahl wirft. Dadurch fällt auch dann eine Entscheidung, wenn bisher 2 Spieler gleich viele Chips erobern konnten. Verlierer ist, wer am wenigsten Chips nehmen konnte.

Turmbläser

3 Augenwürfel.
Mit dem Becher werden 2 Würfel auf den Tisch gestülpt. Der dritte Würfel wird auf den nach oben liegenden Becherboden gelegt und dann heruntergeblasen.

Die Augen der ersten beiden Würfel werden zusammengezählt und mit den Augen des dritten Würfels multipliziert.

Familie Meier

3 Augenwürfel.

Reihum wird gewürfelt. In der ersten Runde mit 3 Würfeln, in der zweiten mit 2 Würfeln und in der dritten mit einem. Zuerst muß ein Auge fallen (= Herr Meier), dann 2 Augen (= Frau Meier). Sind Herr und Frau Meier geworfen, zählen alle weiteren Augen als deren Kinder. Gewonnen hat, wer am meisten Nachwuchs für seine Familie erzielen konnte.

Beispiel:	Eins—Fünf—Sechs	— Herr Meier ist da.
	Zwei—Drei	— Frau Meier und 3 Kinder.
	Vier	— Noch 4 Kinder, insgesamt also 7.

Hoher Türke

3 Augenwürfel.

Jeder hat nur einen Wurf. Die Augenzahl zweier Würfel wird addiert und durch die Augenzahl des dritten Würfels dividiert. Wer erzielt das höchste Ergebnis? Auch die Ziffern hinter dem Komma zählen.

Beispiel:	Fünf—Drei—Zwei	— 5 × 3 = 15; : 2 = 7,5
	Sechs—Vier—Drei	— 6 × 4 = 24; : 3 = 8,0

Niedriger Türke

3 Augenwürfel.

Eine Variante, bei der das niedrigste Ergebnis gewinnt.

Beispiel:	Fünf—Drei—Zwei	— 2 × 3 = 6; : 5 = 1,2
	Sechs—Vier—Drei	— 3 × 4 = 12; : 6 = 2,0

Gerade und aufwärts

3 Augenwürfel.
Jeder Spieler hat 3 Würfe. Beim ersten zählen nur Würfel mit 2 Augen, beim zweiten solche mit 4 Augen und beim dritten die mit 6 Augen. Die höchste Gesamtaugenzahl gewinnt.

Gerade und abwärts

3 Augenwürfel.
Hierbei müssen beim ersten Wurf möglichst viele Sechser, beim zweiten Vierer und beim dritten Zweier geworfen werden, da nur diese Augen zählen.

Eins bis sechzehn

3 Augenwürfel, Papier und Bleistift.
Hier ist eines der interessantesten, aber auch kompliziertesten Würfelspiele, bei dem es darauf ankommt, aus den gewürfelten Augenzahlen die Zahlen von 1 bis 16 zu kombinieren. Diese Zahlen können direkt geworfen werden, oder durch Addition und Subtraktion von Augenzahlen gebildet werden.

Beispiel: Eins—Drei—Sechs wurden gewürfelt.
1 — direkt aus Eins
2 — Drei minus Eins
3 — direkt aus Drei
4 — Drei plus Eins
5 — Sechs minus Eins
6 — direkt aus Sechs
7 — Sechs plus Eins
8 — Sechs plus Drei minus Eins
9 — Sechs plus Drei
10 — Sechs plus Drei plus Eins

Gewonnen hat, wer nach mehreren Würfen als erster alle Zahlen von 1 bis 16 kombinieren konnte.

Einer gleich zwei

3 Augenwürfel.
Jeder würfelt zehnmal. Gewertet werden nur diejenigen Würfe, bei denen die addierten Augen von 2 Würfeln den Augen des dritten Würfels entsprechen.
Gültig sind z. B. die Kombinationen Vier—Zwei—Sechs (4+2 = 6) oder Eins—Vier—Fünf (1+4=5).
Gezählt werden nur die gültigen Würfe, und zwar jeweils die Augenzahl des dritten Würfels.

Wieviel Augen?

Wieder führt Trixor, der Zauberer, zum Abschluß ein kleines Rechenkunststück vor.
Er wendet sich vom Tisch ab und bittet einen Spieler, mit 3 Würfeln zu werfen. Dann läßt er die Augen der oberen und unteren Würfelseiten als sechsstellige Zahl aufschreiben. Diese Zahl muß durch 37 geteilt werden, und das Resultat wird nochmals durch 3 dividiert. Das Ergebnis wird dem Magier genannt. Nun weiß Trixor sofort genau die geworfenen Augenzahlen.

3 Wie hat er das gemacht?

Die Würfel des Artilleriemajors

Alexander MacMahon war englischer Artilleriemajor und Mathematikdozent an der königlich-britischen Militärakademie. Er wurder vor allem bekannt durch Arbeiten auf dem Gebiet der kombinatorischen Analyse und durch sein 1921 veröffentlichtes Buch »New Mathematical Pastimes«. Darin beschäftigt er sich ausführlich mit sogenannten »Superdominos«. Das sind zweidimensionale Dominospiele mit Dreiecken oder Quadraten oder Sechsecken sowie dreidimensionale Dominospiele mit Würfeln.
Ein dreidimensionaler Raum kann nur mit Hilfe von Würfeln vollkommen gleichmäßig gefüllt werden. Deshalb ist der Würfel die geeignetste Gestalt für ein dreidimensionales »Superdomino«. Wenn man nur 2 Farben verwendet, um die Steine zu markieren, erhält man nicht mehr als 10 verschiedene Würfel — eine Zahl, die viel zu klein ist, um für ein Spiel interessant zu sein. Wenn man dagegen 3 Farben verwendet, bekommt man schon wieder viel zu viele Würfel, nämlich 57. Bei 6 verschiedenen Farben ist die Zahl dann schon auf 2226 angestiegen. Aber aus diesen 2226 Würfeln können wir eine Untermenge von 30 auswählen, nämlich diejenigen, bei denen jede der 6 Seiten mit einer anderen der 6 verschiedenen Farben markiert ist.

4 Wie kann man beweisen, daß es nicht mehr als 30 derartiger Würfel geben kann?

Diese 30 Würfel, die offenbar von MacMahon entdeckt worden sind, haben sich inzwischen zu einem nahezu klassischen Instrument des geometrischen Spieltriebs entwickelt.
Auf den folgenden Seiten werden sie in »aufgefalteter« Form dargestellt.

Die Raster haben dabei folgende Bedeutung:

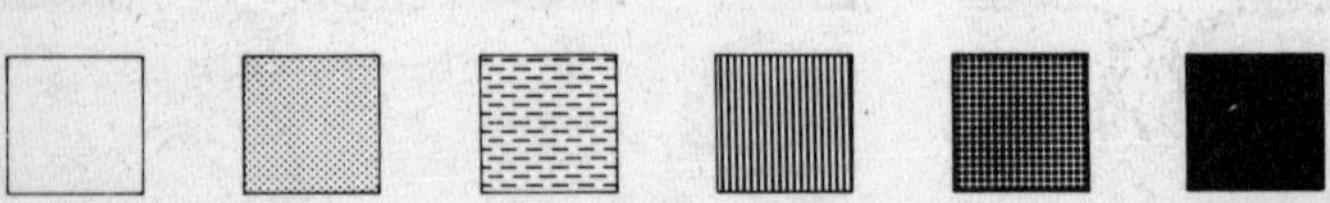

weiß gelb grün blau rot schwarz

1

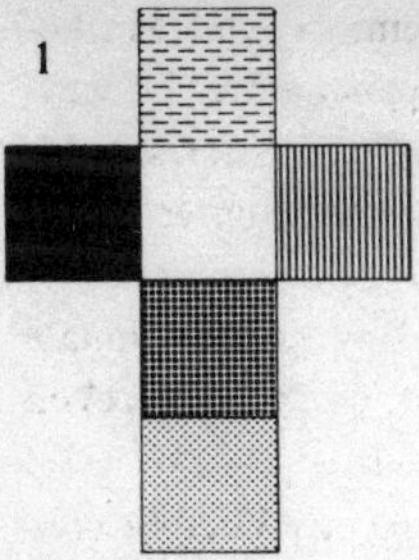

2

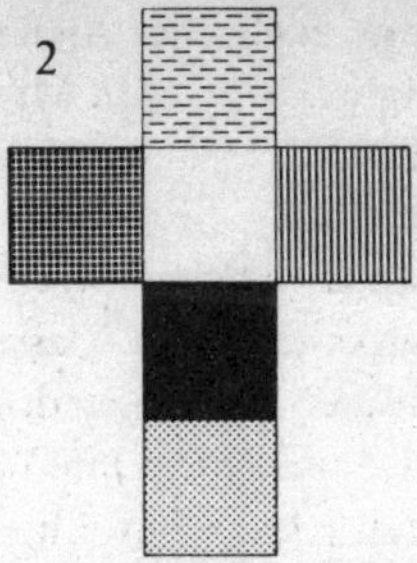

3

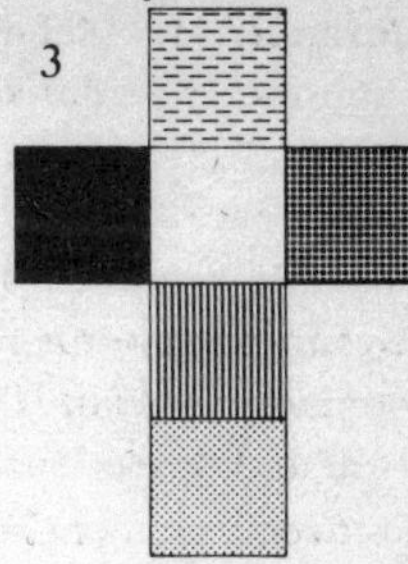

4

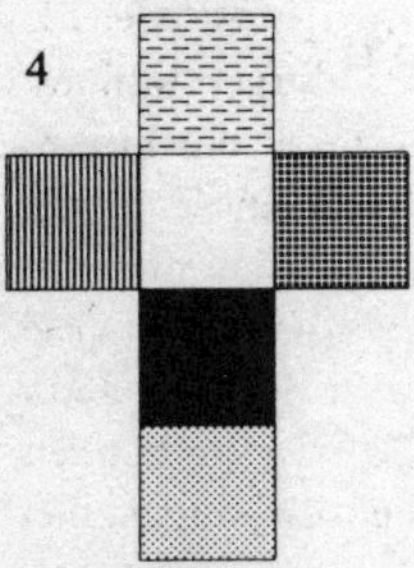

5

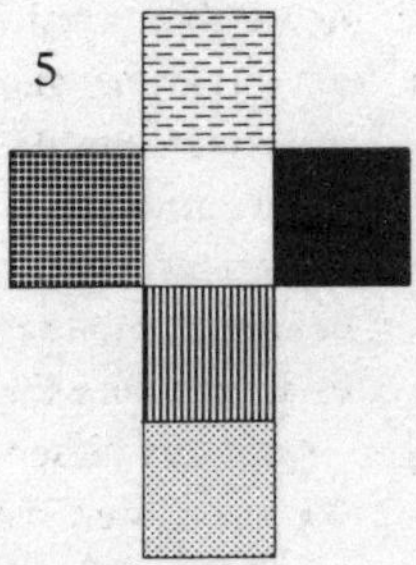

6

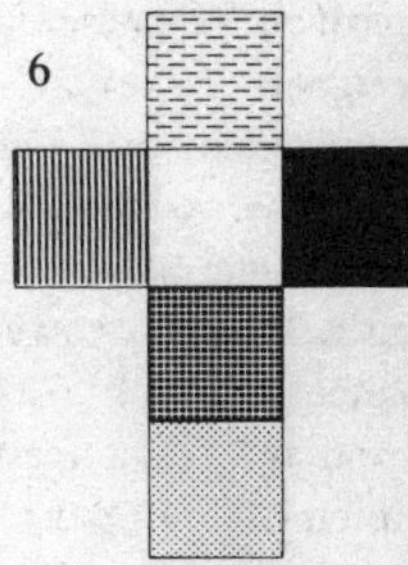

7

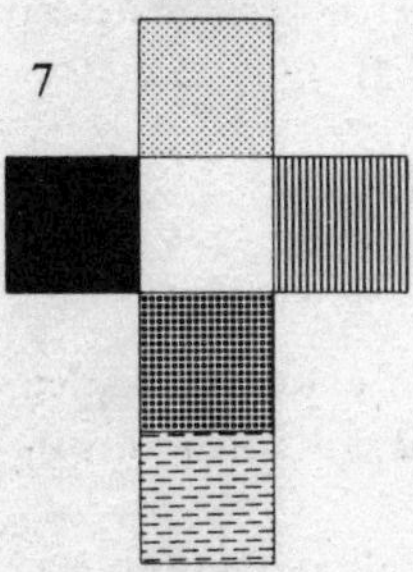

8

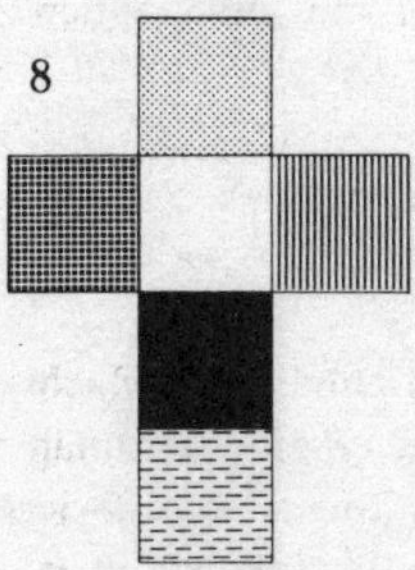

9

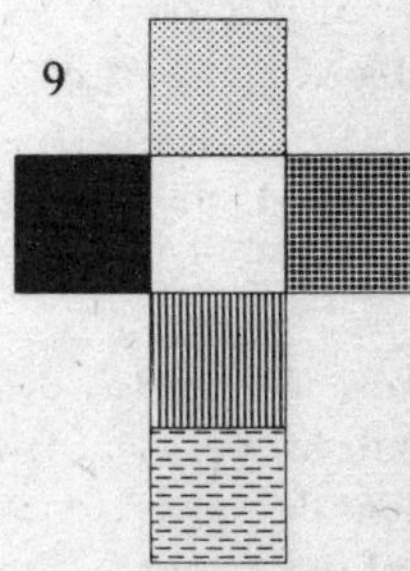

10

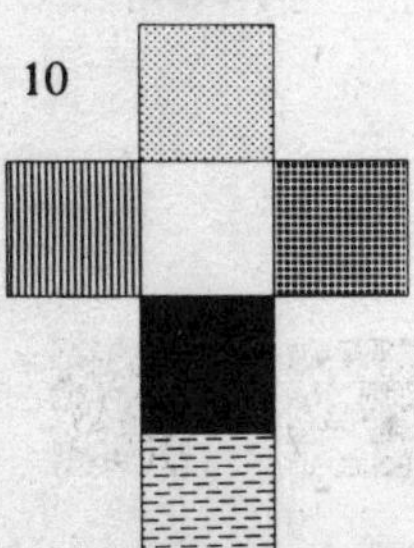

11

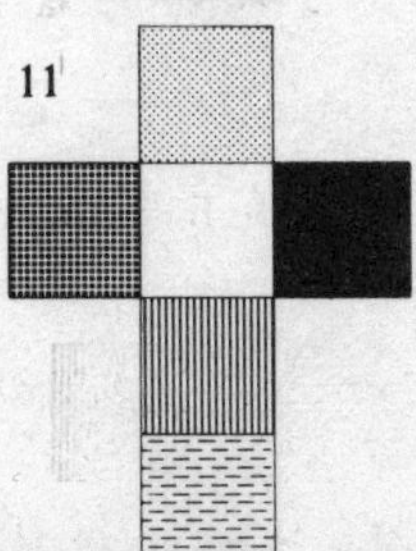

12

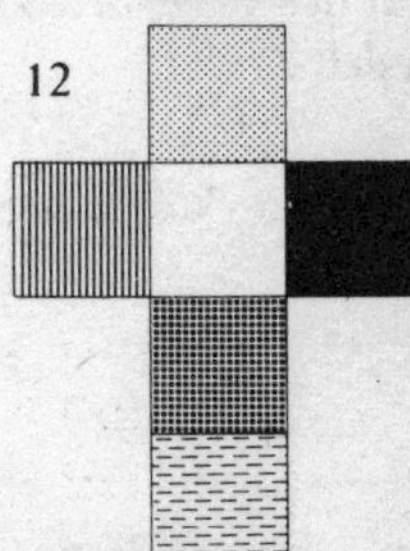

13

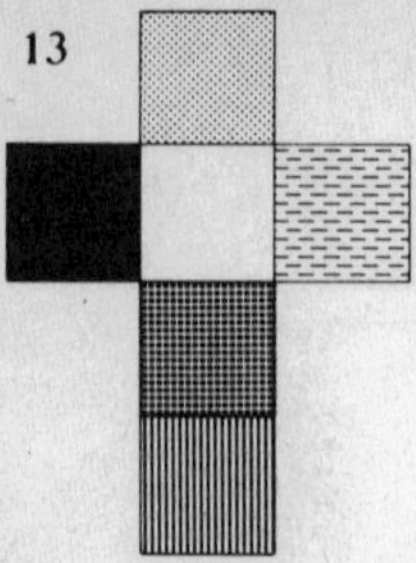

14

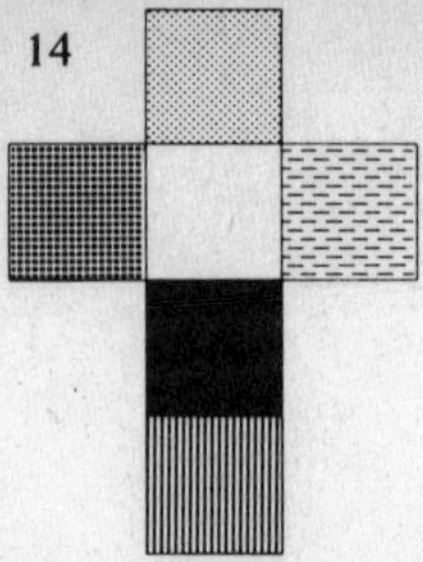

15

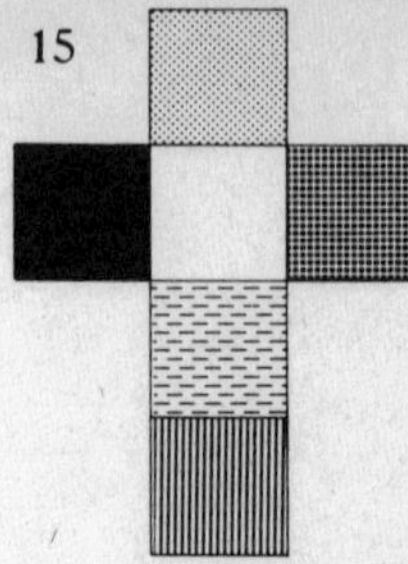

16

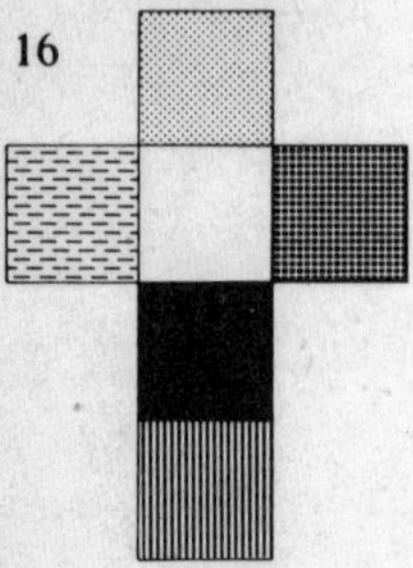

17

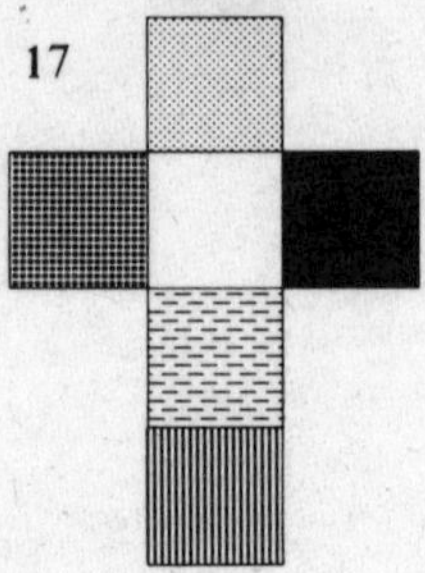

18

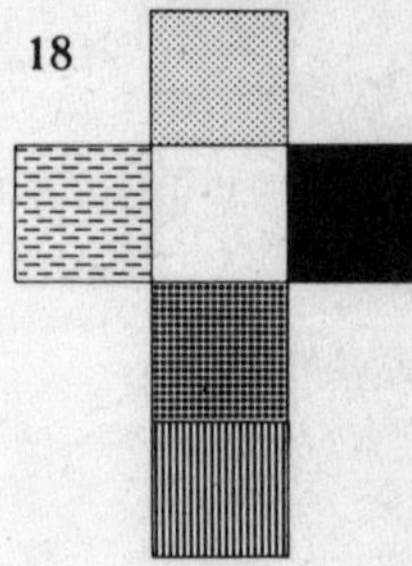

19

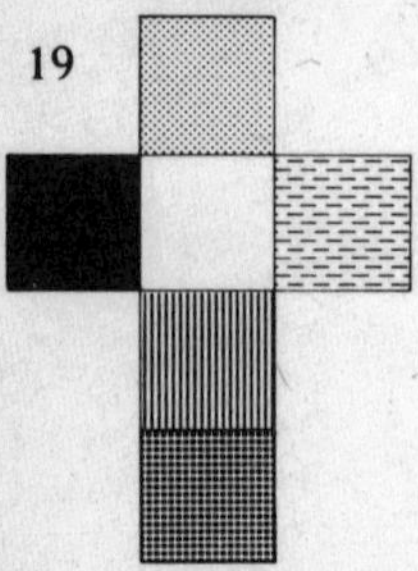

20

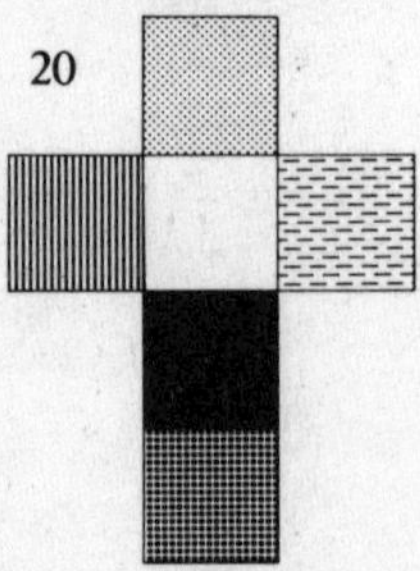

21

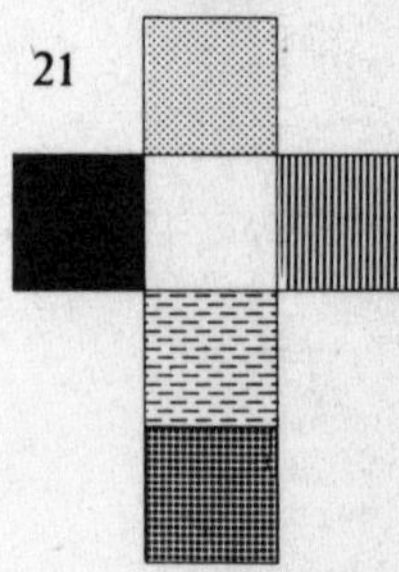

22

23

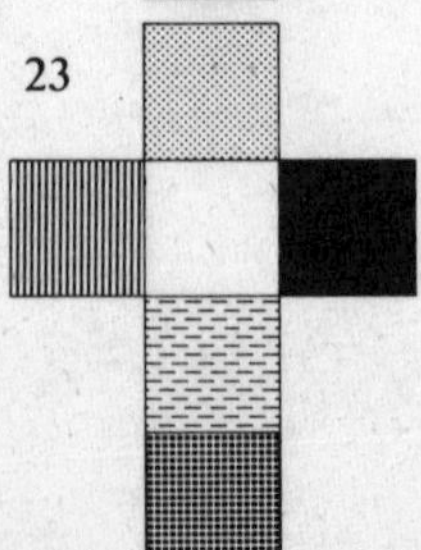

24

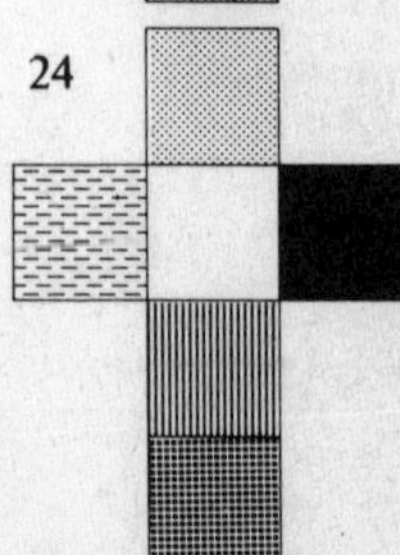

25

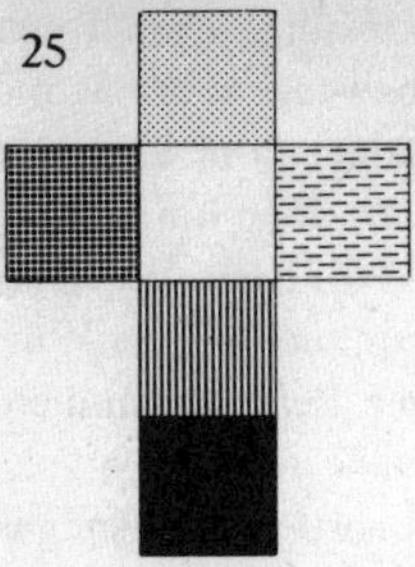

26

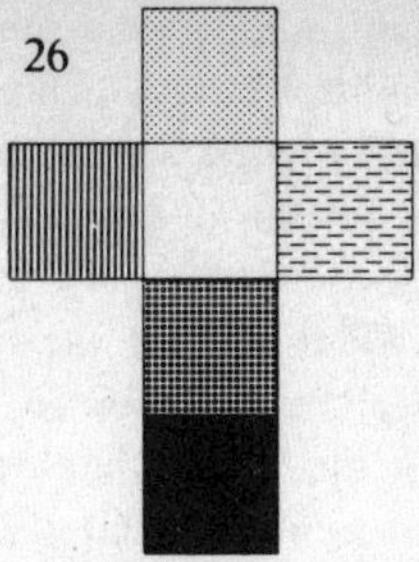

27

28

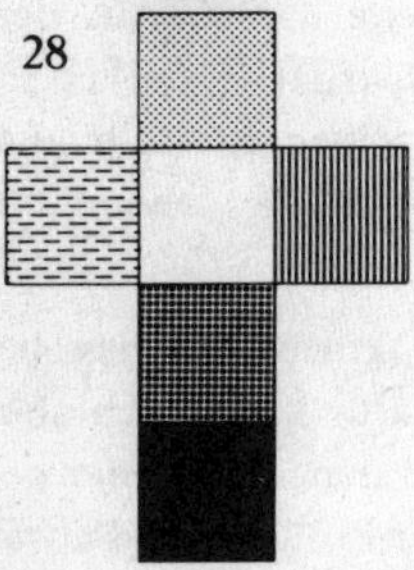

29

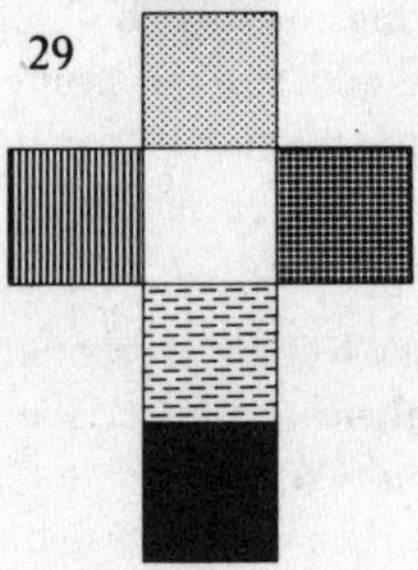

30

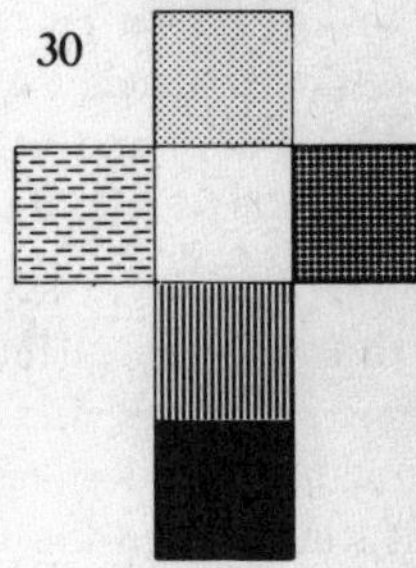

Es ist nicht ganz einfach, sich eine derartige Garnitur von 30 Würfeln selbst anzufertigen, aber es lohnt sich. Wenn sie erst einmal fertig bemalt sind, hat man ein Familienspielzeug, das immer wieder Anlaß zu faszinierenden Betätigungen gibt, keine Batterien verbraucht und Jahrzehnte halten kann.

Zum Einüben fangen wir mit einer ganz einfachen Übung an: Man nehme irgendeinen der Würfel und suche nach seinem Spiegelbild. Beide müssen dann so beschaffen sein, daß sie beim Zusammenlegen an 2 Würfelflächen mit derselben Farbe eine Kette der Länge 2 bilden, deren Endseiten gleichfarbig sind und deren 4 Kettenlängsseiten einheitlich von einer Farbe sind. Es gibt in unserer Würfelkollektion zu jedem Würfel ein passendes Gegenstück, das diese Bedingungen erfüllt.

Derartige Suchoperationen kann man wesentlich vereinfachen, indem man eine ganze Reihe von Würfeln aneinanderlegt, mit den

Fingern zusammendrückt, anhebt und mit Schwung herumdreht. Wollen wir z. B. die Würfel heraussuchen, bei denen Weiß und Schwarz auf gegenüberliegenden Seiten erscheint, dann legen wir eine Reihe von Würfeln mit der weißen Seite nach oben hin, drehen sie um 180 Grad und sortieren dann die aus, bei denen die Oberfläche nun schwarz ist. Oder nehmen wir an, wir suchten die Würfel, bei denen Blau, Gelb und Grün an einer Ecke zusammenstoßen. Dann legen wir die Würfel in eine Reihe mit der blauen Seite nach oben, drehen sie um 180 Grad und sortieren diejenigen aus, die dann eine grüne oder gelbe Oberseite haben. Aus den restlichen machen wir eine Kette mit grüner Oberfläche, drehen sie wieder um und sortieren alle mit blauer und gelber Oberseite aus. Die Würfel, die dann noch übrigbleiben, haben die gewünschte Eigenschaft.

Es ist nicht möglich, eine Kette von mehr als 2 Würfel zu bilden, bei der jede Seite eine einheitliche Farbe hat. Dafür lassen sich aber relativ leicht Ketten von 6 Würfeln bilden, bei denen auf jeder der 4 Kettenseiten alle 6 Farben vertreten sind. Das Problem wird etwas schwieriger, wenn außerdem auch noch die Endseiten der Kette und jedes Paar von sich berührenden Würfelseiten jeweils ein und dieselbe Farbe haben sollen (»Dominoregel«).

Nun greifen wir willkürlich irgendeinen der 30 Würfel heraus und legen ihn beiseite. Er ist unser Musterwürfel und die Aufgabe ist folgende:

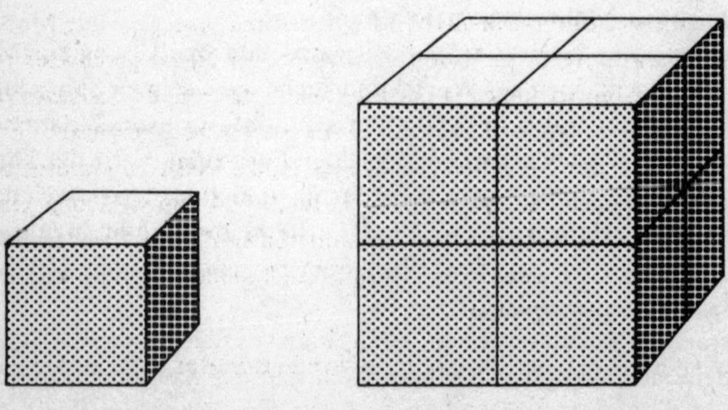

Aus den verbliebenen 29 Würfeln sind jene 8 herauszufinden, aus denen sich ein vergrößertes Modell des vorgegebenen Würfels mit der Kantenlänge 2 zusammensetzen läßt. Es dürfen sich dabei nur gleichfarbige Würfelseiten berühren!

Bei jedem Musterwürfel gibt es immer nur genau 8 andere Würfel, mit denen sich die geforderte Konstruktion bewerkstelligen läßt. Und es ist ziemlich schwierig, diese 8 Würfel ohne ein systematisches Suchverfahren herauszufinden. Am besten ist wahrscheinlich das folgende.

Man stellt die 3 Farbenpaare auf den gegenüberliegenden Seiten des Musterwürfels fest und sortiert aus den 29 Würfeln alle diejenigen aus, bei denen eines dieser Farbenpaare ebenfalls auf gegenüberliegenden Seiten vorkommt. Auf diese Weise kann man 13 Würfel ausscheiden und es bleiben 16 übrig. Dann nimmt man den Musterwürfel so, daß man eine seiner Ecken und die 3 an dieser Ecke zusammentreffenden Farben im Blick hat. Man wird unter den 16 Würfeln 2 finden, bei denen sich diese 3 Farben in der gleichen Anordnung um eine Ecke herum feststellen lassen. Diese beiden Würfel gehören zu den 8, die man für das vergrößerte Modell braucht. Sie müssen beiseitegelegt werden.

Danach wiederholt man das gleiche Verfahren bei den übrigen 3 Farbtrippeln des Musterwürfels. Bei jedem von ihnen wird man 2 passende Würfel unter dem dann noch verbliebenen Vorrat finden. Schließlich hat man 8 Würfel beisammen, aus denen sich ziemlich leicht das vergrößerte Modell bilden läßt.

Nun gibt es 2 unterschiedliche Möglichkeiten, das gesuchte Modell zusammenzusetzen. L. Vosburgh Lyons, ein Neuropsychiater aus Manhattan, entwickelte ein raffiniertes Verfahren, das es gestattet, immer eine der beiden Lösungen in die andere zu überführen. Zwischen den beiden Modellen gibt es eine ganze Reihe von interessanten Beziehungen. So entsprechen z. B. die 24 Innenflächen eines Modells den 24 Außenflächen des anderen und man kann feststellen, daß die Lage jedes Würfels im Modell seiner Lage im anderen diagonal entgegengesetzt ist.

Hier ist nun die Überführung eines Modells in das andere (der Einfachheit halber wurden die Farben Gelb, Grün, Blau und Rot in *einem* Raster gezeichnet):

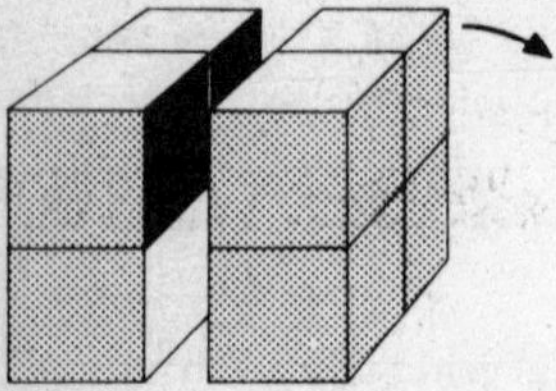

1. Die Oberseite ist weiß, die Unterseite ist schwarz. So drehen, daß sich die inneren weißen und schwarzen Felder in der angegebenen Position befinden. Dann die obere Hälfte des Modells nach rechts abheben.

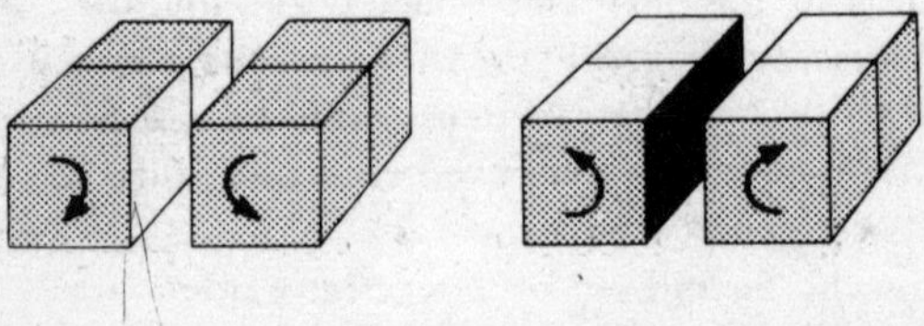

2. Bei jeder der 4 Reihen wird eine Vierteldrehung in der durch die Pfeile angegebenen Richtung vorgenommen. Dadurch werden links die 4 unteren Felder weiß und rechts die 4 oberen Felder schwarz.

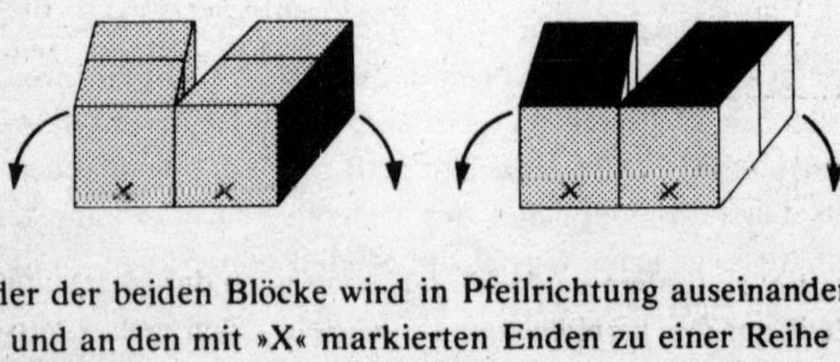

3. Jeder der beiden Blöcke wird in Pfeilrichtung auseinandergefaltet und an den mit »X« markierten Enden zu einer Reihe aneinandergelegt.

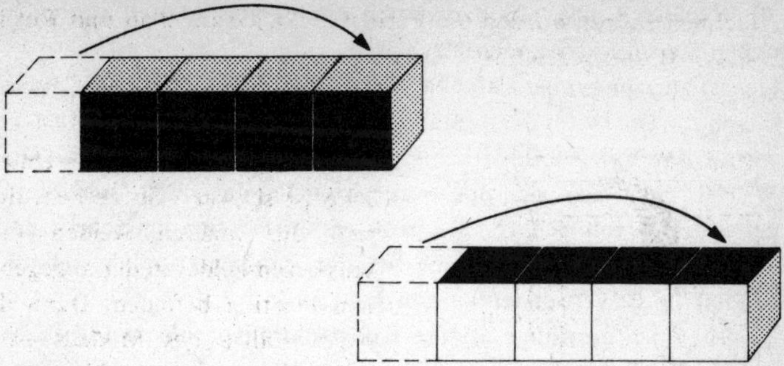

4. Bei jeder der beiden Reihen wird ein Würfel vom linken an das rechte Ende gelegt.

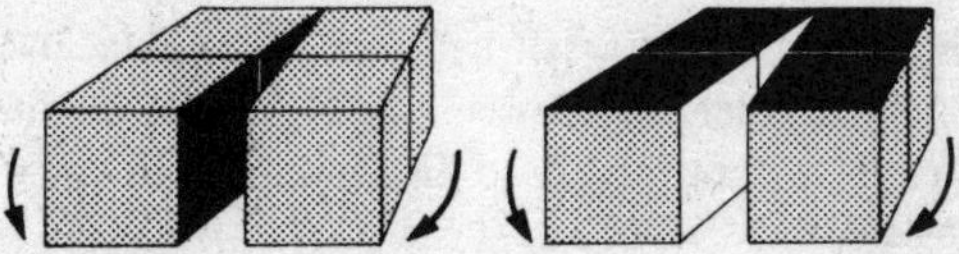

5. Beide Reihen werden in Pfeilrichtung wieder zu einem Quadrat zusammengefaltet, so daß sich innen links die schwarzen und rechts die weißen Seiten berühren.

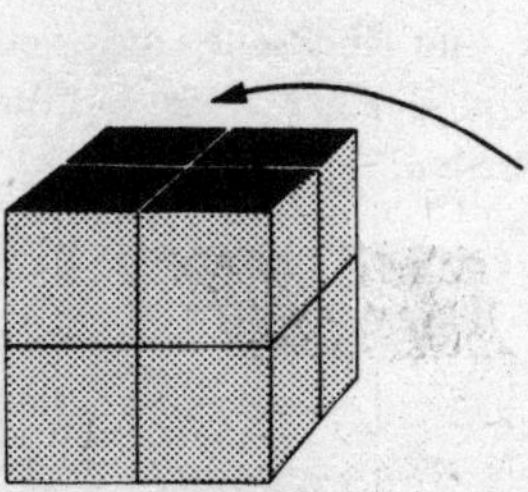

6. Das rechte Quadrat wird auf das linke aufgesetzt und die zweite Form des Modells ist fertig.

Lyons hat außerdem entdeckt, daß man nach der Herstellung eines Modells aus den verbliebenen 21 Würfeln einen neuen Musterwürfel auswählen kann, und daß es unter den dann noch verbleibenden

20 Würfeln 8 gibt, aus denen sich ein zweites Modell nach der neuen Vorlage zusammensetzen läßt.
Das ist allerdings eine Aufgabe, deren Lösung nur ganz wenigen gelingen dürfte. Es sei denn, man sagt vorher, daß der neue Musterwürfel das Spiegelbild des ersten Musterwürfels sein muß. Die Würfel, aus denen sich das zweite Modell bilden läßt, sind dann genau die 8 von den 16, die beim ersten Eliminationsschritt des Suchverfahrens ermittelt und bei der Konstruktion des ersten Modells nicht verwendet wurden.
Es gibt noch unzählige andere Konstruktionsprobleme für Farbwürfel. Die folgenden stammen aus dem 1934 in Leipzig veröffentlichten Buch »Das Spiel der 30 bunten Würfel« von Ferdinand Winter. Vorausgesetzt wird in jedem Falle die Beachtung der »Dominoregel«, nach der sich nur gleichfarbige Würfelseiten berühren dürfen.

1. Gesucht ist ein 2×2-Würfel, bei dem die rechte und die linke Seitenfläche in einer, die Vorder- und Rückseite in einer zweiten, die Oberseite in der dritten und die Unterseite in der vierten Farbe erscheinen.

2. Gesucht wird ein 2×2-Würfel mit ein und derselben Farbe auf 2 gegenüberliegenden Seiten und mit jeweils einer anderen Farbe auf den 4 übrigen Seiten.

3. Gesucht wird ein 2×2-Würfel, bei dem die rechte und linke Seitenfläche eine Farbe haben, die Vorder- und Rückseite eine zweite, während die übrigen 4 Farben sich in gleicher Weise auf die 4 Felder der Ober- und Unterseite verteilen.

4. Eine Erweiterung von 3.: Gesucht ist ein 2×2-Würfel, bei dem auf sämtlichen Seiten die gleichen 4 Farben auf 4 Felder verteilt sind.

Offenbar ist es nicht möglich, einen 2×2-Würfel zu konstruieren, bei dem Vorder- und Rückseite in der ersten, linke und rechte Seite in der zweiten und Ober- und Unterseite in einer dritten Farbe erscheinen, während sich innen nur gleichfarbige Flächen berühren.

Es ist jedoch möglich, einen 3×3-Würfel zu konstruieren, bei dem jede Seite eine andere Farbe hat. Allerdings muß man dabei gegen die »Dominoregel« verstoßen.

Der Farbturm

Die 30 Farbwürfel des Artilleriemajors, ein Spiel für 2 Personen.

Die beiden Spieler sitzen sich am Tisch gegenüber. Jeder hat einen Abdeckschirm aus Pappe vor sich stehen.
Die Würfel liegen in einem Hut, in dem man sie nicht sehen kann, aus dem man sie aber einzeln herausholen kann.
Jeder Spieler nimmt 7 Würfel aus dem Hut und versteckt sie hinter seinem Abdeckschirm.
Ein Spieler eröffnet und legt einen Würfel in die Mitte. Der zweite Spieler legt einen seiner Würfel daneben, und zwar so, daß die sich berührenden Seiten gleichfarbig sind. Anschließend ist immer abwechselnd einer der Spieler mit einem seiner Würfel am Zuge.
Zuerst werden die beiden nebeneinanderliegenden Würfel zu einem Quadrat ergänzt. Dann wird auf diesem Fundament ein Turm errichtet. Jeder Spieler muß versuchen, die Würfel hinter seinem Abdeckschirm so schnell wie möglich loszuwerden.

Im übrigen gelten folgende Regeln:

1. Jede der übereinandergeschichteten Lagen von 4 Würfeln muß zuerst fertiggestellt sein, ehe eine neue Lage angefangen wird.

2. Man darf seinen Würfel an jedem beliebigen offenen Platz in einer Lage unterbringen. Alle sich berührenden Seiten müssen gleichfarbig sein. 2 rechtwinklig zueinanderliegende Seiten zweier Würfel dürfen nicht gleichfarbig sein, da sonst die »Dominoregel« nicht mehr eingehalten werden kann.

3. Kann ein Spieler — wenn er an der Reihe ist — keinen Würfel aus seinem Vorrat verwenden, muß er einen neuen Würfel aus dem Hut ziehen. Paßt dieser Würfel auch nicht, kommt der andere Spieler an die Reihe.

5. Das Spiel ist zu Ende, wenn ein Spieler sämtliche Würfel aus seinem Vorrat ansetzen konnte. Können beide nicht mehr setzen, so hat derjenige gewonnen, der dann weniger Würfel besitzt.

Die 30 bunten Würfel sind inzwischen schon mehr als 50 Jahre bekannt. Sie bieten aber immer noch eine Reihe von Überraschungen und unerforschten Möglichkeiten. Es liegt an Ihnen, lieber Leser, darüber nachzudenken.
Alexander MacMahon starb 1928, nachdem er eine »Einführung in die Kombinatorik« für die berühmte elfte Auflage der »Encyclopaedia Britannica« geschrieben hatte.

Spiele mit vier Würfeln

Pärchen

4 Augenwürfel, davon 2 mit Bleistift grau gefärbt, Papier und Bleistift.

Die weißen Würfel sind die positiven, die grauen die negativen. Das heißt folgendes: Die Augen der beiden weißen Würfel werden addiert und davon werden die Augen der beiden grauen Würfel subtrahiert. Jeder hat 5 Würfe. Auch negative Ergebnisse müssen aufgeschrieben werden. Gewonnen hat der Spieler mit der höchsten Endsumme.

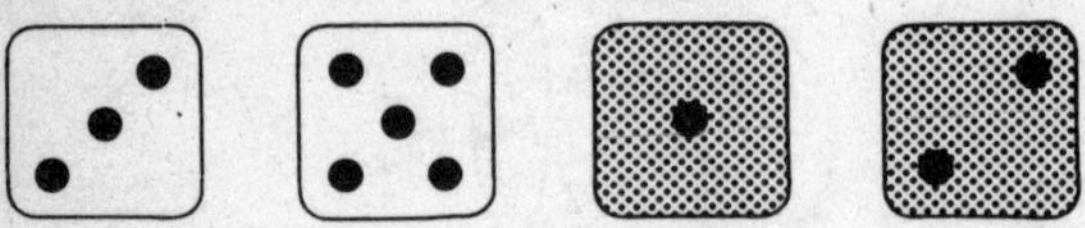

(3+5—1—2 = 5 Punkte)

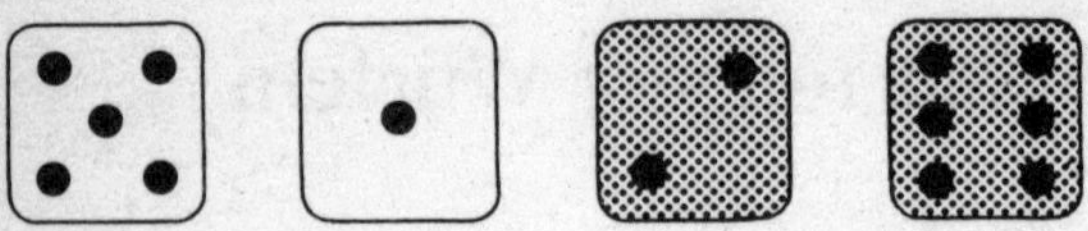

(5+1—2—6 = —2 Punkte)

Beelzebub

4 Augenwürfel, davon einer mit Bleistift grau gefärbt, Papier und Bleistift.

Diesmal spielen 3 weiße Würfel gegen einen grauen, den »Beelzebuben«. Die Summe der 3 weißen Würfel wird gebildet und davon werden die Augen des grauen Würfels abgezogen. Es werden 5 Runden gespielt.

(2+4+5—3 = 8 Punkte)

Ist es nicht sonderbar, daß es nicht mehr Spiele mit 4 Augenwürfeln gibt? Das sollte eine Herausforderung für Sie sein! Erfinden Sie ein Spiel und schreiben Sie es auf diese Seite.

....

4 Augenwürfel.

Auch Trixor, der Zauberer, wollte einen Beitrag für dieses Kapitel leisten, als er von unseren Schwierigkeiten hörte. Er erfand einen Zaubertrick mit 4 Würfeln und gab uns die Abdruckgenehmigung.

Würfelturm

4 Augenwürfel.

Ein Spieler wirft mit 4 Würfeln und stapelt diese zu einem Würfelturm. Dann nennt er dem Magier, der ihm den Rücken zukehrt, die Augenzahl der obersten Würfelseite.
Der Zauberer weiß dann sofort, wie viele Augen auf den verdeckt liegenden Würfelseiten sind.

5 Wie macht er das?

Auch Kalkulus, der Mathematiker, ließ sich nicht lumpen. Gedankenverloren drehte er 4 Augenwürfel zwischen seinen schlanken Fingern und dachte nach. Dann zerschnitt er ein Kartenspiel und klebte einzelne Spielkartenfarben und 2 Joker auf die 24 Würfelseiten. Dies machte er zwar nicht regelmäßig, aber dennoch mit System, wie sich hinterher herausstellen sollte.

Wie ich herausfand, benützte er 2 Joker, viermal Herz, fünfmal Pik, sechsmal Karo und siebenmal Treff.

Wenn man sich die 4 Würfel von Kalkulus aufgeklappt vorstellt, sehen sie so aus:

Anschließend dozierte Kalkulus über Kombinatorik und sagte sinngemäß — soweit ich ihn verstehen konnte — etwa folgendes: Bei 4 Würfeln gäbe es insgesamt genau $6 \times 6 \times 6 \times 6 = 1296$ Kombinationsmöglichkeiten.

Und dann stellte er eine Frage, die ich an Sie weitergeben möchte:

6 Wie viele Möglichkeiten gibt es, mit einem Wurf — unter Einbeziehung der Joker —
viermal Herz, viermal Pik, viermal Karo, viermal Treff, dreimal Herz, dreimal Pik, dreimal Karo und schließlich dreimal Treff zu werfen?

Nun gingen wir mit Feuereifer daran, aus den 4 Kalkulus-Würfeln ein Spiel zu entwickeln. Wir nannten es »Seven Up!« und Kalkulus übertrug sämtliche Rechte an dessen kommerzieller Auswertung an den Autor dieses Taschenbuches.

Seven Up!

4 Spezialwürfel, Papier und Bleistift, sowie folgende 8 Punktekarten:

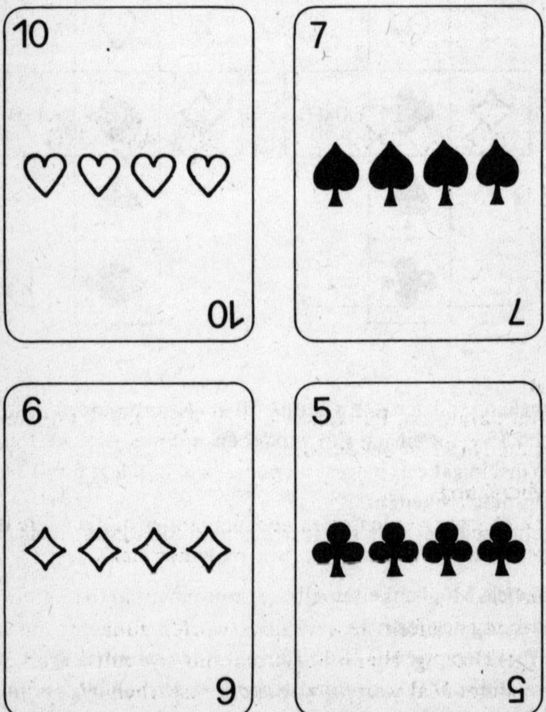

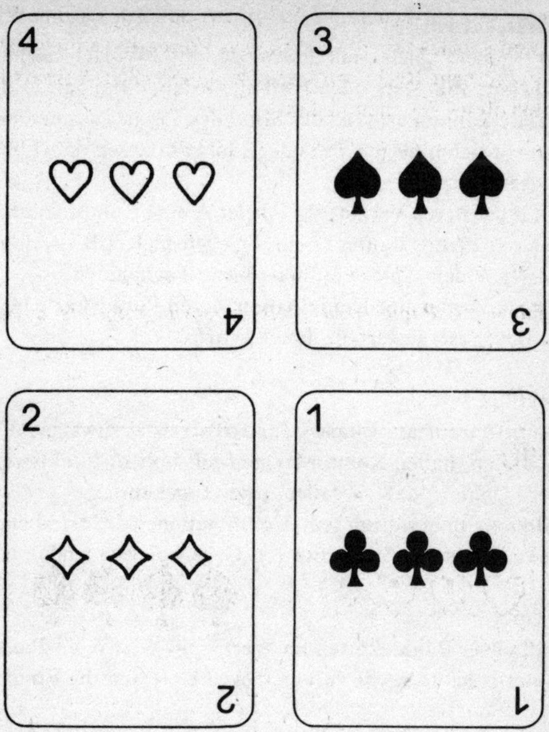

Das Ziel:
Es kommt darauf an, Punktekarten im Wert von 7 Punkten oder mehr in die Hand zu bekommen.

Die Vorbereitung:
Die Punktekarten werden offen nebeneinander in die Mitte des Tisches gelegt. Es wird ausgelost, wer beginnen darf.

Das Würfeln:
Reihum wird gewürfelt. Jeder Spieler würfelt zunächst mit allen 4 Würfeln gleichzeitig. Hierauf darf er wahlweise mit ein bis 3 Würfeln ein zweites Mal werfen, wobei die restlichen Würfel »stehenbleiben« müssen.

Die Punktekarten:
Gelingt es einem Spieler, mit einem oder mit 2 Würfen viermal oder dreimal Herz, Pik, Karo oder Treff zu werfen, dann darf er die entsprechende Punktekarte von der Mitte des Tisches wegnehmen und sie offen vor sich hinlegen. Ein oder 2 Joker ersetzen dabei beliebige Spielkartenwerte.
Würfelt im weiteren Verlauf ein Spieler A eine Kombination, deren Punktekarte bereits im Besitz eines Gegenspielers B ist, dann darf der Spieler A dem Spieler B diese Karte wegnehmen.
Würfelt ein Spieler eine Kombination, deren Punktekarte bereits in seinem Besitz ist, so verfällt dieser Wurf.

Die Taktik:
Es kommt darauf an, Chancen und Risiken abzuwägen. Wie wir bereits wissen, haben Kombinationen mit hohem Punktewert eine geringere Chance, daß sie fallen, und umgekehrt.
Außerdem kann es ratsam sein, Kombinationen anzustreben, deren Punktekarten bereits im Besitz von Gegenspielern sind.

Seven Up!
Hat ein Spieler Punktekarten im Wert von 7 oder mehr Punkten in seinen Besitz gebracht, so ruft er »Seven Up!« und die Runde ist zu Ende.
Jeder Spieler bekommt so viele Punkte gutgeschrieben, wie er vor sich liegen hat. Erzielt ein Spieler »Seven Up!« und alle seine Gegenspieler haben 0 Punkte, so darf er sich den doppelten Punktewert gutschreiben lassen.

Weitere Runden:
Nun werden weitere Runden ausgespielt. Die Punktekarten kommen zuvor wieder in die Mitte des Tisches.

Das Spielende:
Gewonnen hat derjenige, der als erster in mehreren Runden 77 Punkte oder mehr erzielen konnte.

Spiele mit fünf Würfeln

Va banque (Große Bank)

5 Augenwürfel, Papier und Bleistift, Chips.

Jeder ist reihum einmal der Bankhalter und würfelt für jeden seiner Mitspieler. Und zwar mit jedem der 5 Würfel extra. Der Gegenspieler entscheidet beim zweiten, dritten und vierten Wurf, ob Zwischensummen und Augen des letzten Wurfes addiert, subtrahiert, multipliziert oder dividiert werden sollen. Da jede dieser 4 Rechnungsarten je einmal verwendet werden müssen, ergibt sich die vierte Rechnungsart beim fünften Würfel von selbst.
Man trachtet natürlich danach, mit hohen Augenzahlen, wie mit einer Sechs, möglichst zu multiplizieren, und mit einer Eins möglichst zu dividieren, weil sich dadurch die Zwischensumme nicht verringert.

Beispiel 1:	Erster Wurf: Drei =	3
	Zweiter Wurf: Fünf, der Spieler entscheidet sich für Addition =	8
	Dritter Wurf: Sechs, der Spieler entscheidet sich für Multiplikation =	48
	Vierter Wurf: Eins, der Spieler läßt dividieren =	48
	Fünfter Wurf: Vier, nun muß automatisch subtrahiert werden, Endergebnis =	44

Divisionen müssen ohne Rest aufgehen. Eine Ausnahme gilt für den fünften Wurf, bei dem ein sich eventuell ergebender Rest vernachlässigt wird. Der Spieler mit der höchsten Endsumme gewinnt den Einsatz.

Beispiel 2:	Erster Wurf: Fünf =	5
	Zweiter Wurf: Fünf, der Spieler läßt multiplizieren =	25
	Dritter Wurf: Vier, der Spieler entscheidet sich für Addition =	29
	Vierter Wurf: Sechs, multiplizieren geht nicht mehr, dividieren auch nicht, da sich ein Rest ergeben würde, also Subtraktion =	23
	Fünfter Wurf: Zwei, nun muß automatisch dividiert werden, Endergebnis = Rest 1	11

Der Bankhalter selbst ist am Einsatz nicht beteiligt, es sei denn, man vereinbart folgende Variante: Kann ein Spieler während der ersten 4 Würfe nicht dividieren, und ergibt auch die »Zwangsdivision« nach dem fünften Wurf einen Rest, so fällt der Einsatz dieses Spielers an den Bankhalter.

Würfelpoker

5 Augenwürfel, Chips.

Jeder bezahlt an die Kasse einen gleichhohen Einsatz und dann wird reihum gewürfelt. Zuerst mit allen 5 Würfeln gleichzeitig und dann wahlweise mit 1 bis 3 Würfeln ein zweites Mal, wobei die anderen Würfel stehenbleiben.
Es kommt darauf an, eine möglichst hohe Pokerkombination zu werfen. Der Spieler mit der höchsten Kombination gewinnt den Pott.

Die Pokerkombinationen sind — von der niedrigsten bis zur höchsten — folgende:

1. Ein Paar

2 Würfel mit gleicher Augenzahl (ein Pasch) und 3 Würfel mit anderen Werten. Haben 2 Spieler ein Paar, so gewinnt das mit dem höheren Augenwert. Sind die Paare gleichwertig, entscheidet der höchste der 3 »toten« Würfel, bei weiterer Gleichheit der zweithöchste und dann der dritthöchste.

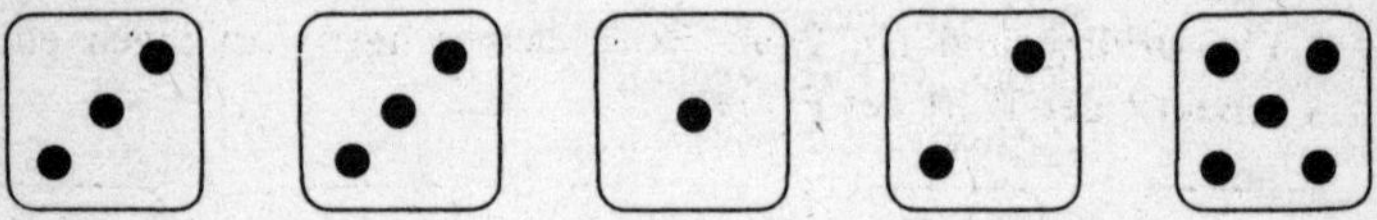

Beispiel: Ein Paar Dreier, höchster »toter« Würfel: Fünf.

2. Zwei Paare

Zweimal 2 Würfel mit gleicher Augenzahl und ein anderer Wert. Haben 2 Spieler 2 gleiche Paare, entscheidet der »tote« Würfel.

Beispiel: Ein Paar Sechser, ein Paar Zweier, »toter« Würfel Drei.

3. Drei Gleiche (Drilling)

3 Würfel mit gleicher Augenzahl und 2 Würfel mit anderen Werten. Bei gleichen »Drillingen« entscheiden wieder die »toten« Würfel.

Beispiel: 3 Vierer und 2 andere Werte.

4. Sequenz (Folge, Quint, Straße)

5 Würfel mit aufsteigenden Augenwerten. 2—3—4—5—6 ist höher als 1—2—3—4—5.

Beispiel: »Hohe Sequenz« bzw. »Große Straße«.

5. Full House (Volles Haus, Volle Hand, Full Hand)

Ein Drilling und ein Paar. Bei gleichwertigen Drillingen entscheidet der Wert des Paares.

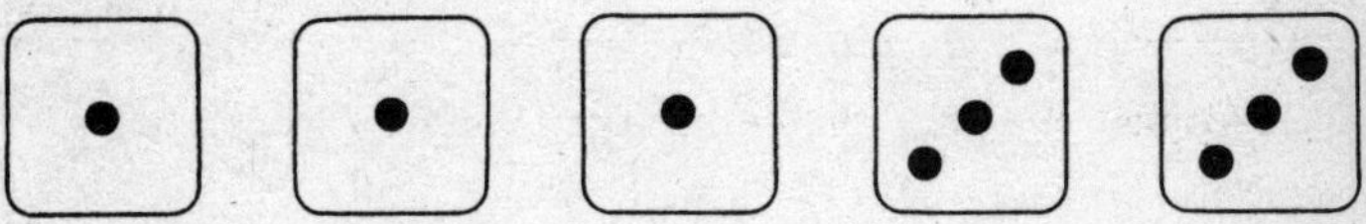

Beispiel: 3 Einser und 2 Dreier als »Full House«.

6. Vier Gleiche (Vierling)

4 Würfel mit gleicher Augenzahl und ein anderer Wert. Bei gleichen Vierlingen entscheidet der »tote« Würfel.

Beispiel: 4 Zweier und »toter« Würfel Sechs.

7. Fünf Gleiche (Poker)

5 Würfel mit gleicher Augenzahl.

Beispiel: Ein »Poker« mit Dreiern.

Nun sind Sie, lieber Leser, wieder dran. Entwerfen Sie bitte ein Spiel mit 5 Augenwürfeln und schreiben Sie es auf diese Seite. Vielleicht gelingt Ihnen damit der ganz große Wurf!

....

5 Augenwürfel.

Bunt Zusammengewürfeltes

Auszug aus der Brockhaus Enzyklopädie 1974

Würfel, 1) Geometrie: von sechs Quadraten begrenzter Körper (→ regelmäßige Körper). Ein W. mit der Kantenlänge 1 stellt die Einheit des Rauminhaltes dar. Ein W. mit der Kantenlänge a hat den Rauminhalt $V = a^3$ und die Oberfläche $F = 6a^2$; seine Raumdiagonale hat die Länge $d = \sqrt{3}$. Der W. ist einer der fünf → Platonischen Körper.

2) Kristallographie: griech. Hexaeder, systempersistente Kristallform (100) des kubischen Kristallsystems (→ Kristall).

3) auch **Knobel**, beim Würfelspiel verwendeter sechsseitiger Körper aus Elfenbein, Knochen, Stein, Holz u. a. Seine Seiten tragen meist die Ziffern (Punktzahl 1—6, so geordnet, daß die gegenüberliegenden zusammengezählt 7 ergeben. W. fand man in 4000 Jahre alten ägypt. Gräbern und bei anderen alten Kulturen; sie dienten urspr. divinatorischen Zwecken. In prähistor. Zeit wurden Schafsknöchel benützt (→ Würfeln).

Würfelbecher, Knobelbecher, ein gewöhnlich lederner, becherartiger Behälter zum Sammeln und Auswerfen der Würfel beim Knobeln (→ Würfeln).

Würfeln, Knobeln, das älteste Glücksspiel, bei dem → Würfel (gewöhnlich drei) mit einem → Würfelbecher auf eine waagerechte ebene Unterlage (Tischplatte) gerollt oder geworfen werden. Es gibt sehr viele und verschiedenartige Spielregeln.

Würfeltäuschung, eine → optische Täuschung. (→ Neckerscher Würfel).

Neckerscher Würfel, Psychologie: eine der Figuren zur Darstellung der → Inversion (Kippbilder). Der gezeichnete Würfel erscheint perspektivisch gesehen meist so, als betrachte man ihn von rechts oben. Fixiert man die Zeichnung längere Zeit, so springt das Bild plötzlich um: Den vorher von rechts oben gesehenen Würfel sieht man nun von links unten (den ursprünglich von links unten gesehenen Würfel von rechts oben). Bei weiterem Betrachten springt das Bild wiederholt um (→ optische Täuschungen). Der N. W. wird als Demonstration für den Gestaltcharakter der Wahrnehmung angesehen (→ Gestalt).

8 Kippbild

Hier sind nun einige Neckersche Würfel. Sind es 7 oder sind es 8?

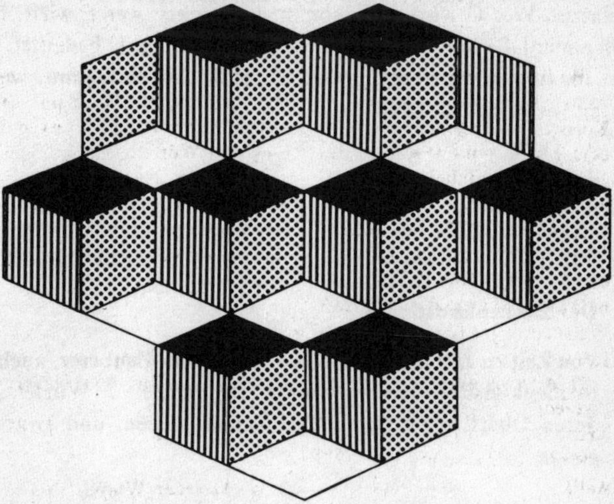

9 Würfel im Würfel

Kalkulus hat zu Hause einen großen Würfel, in dem 5 kleinere stecken. In jedem von ihnen liegen wieder 3 kleinere, von denen jeder 6 noch kleinere enthält. Und in jedem von diesen stecken noch einmal 8 ganz kleine Würfel.

Wie viele Würfel sind das insgesamt?

Das Buchstabenspiel

Auf die 6 Seiten eines Papierwürfels werden 6 Buchstaben gemalt, die folgende Bedeutung haben.

A	=	alles	E	=	einsetzen
G	=	gar nichts	Ü	=	überspringen
H	=	die Hälfte	N	=	noch einmal würfeln

Jeder Spieler zahlt 20 Chips in die Kasse. Dann wird reihum gewürfelt.
Wer A würfelt, bekommt alles, wer H wirft, bekommt die Hälfte des Einsatzes. Wer G würfelt, bekommt gar nichts, wer E wirft, muß noch einmal die Menge seines Einsatzes einzahlen. Ü bedeutet, daß man im folgenden einmal aussetzen muß. Dafür kommt, wer N würfelt, noch einmal dran.

10 Der Rechenkünstler

Von Zeit zu Zeit produziert sich Trixor, der Zauberer, auch als Rechenkünstler. Als Hilfsmittel benützt er 7 Würfel, auf deren Oberflächen dreistellige Zahlen stehen, und zwar folgende:

1. Würfel	179 — 872 — 773 — 278 — 377 — 971
2. Würfel	459 — 855 — 657 — 954 — 558 — 756
3. Würfel	366 — 960 — 168 — 663 — 564 — 762
4. Würfel	780 — 186 — 483 — 681 — 384 — 285
5. Würfel	642 — 840 — 345 — 741 — 543 — 147
6. Würfel	216 — 414 — 315 — 612 — 117 — 513
7. Würfel	398 — 992 — 794 — 596 — 299 — 695

Er bittet einen Zuschauer, mit allen 7 Würfeln gleichzeitig zu werfen. Dann läßt er sich die 7 Zahlen, die nach oben liegen, zurufen. Dabei gibt es immerhin 6 hoch 7 = 279.936 Kombinationsmöglichkeiten!
Dennoch ist Trixor in der Lage, sofort die Summe der 7 Zahlen zu nennen. Keiner der Zuschauer ist in der Lage, so schnell zu rechnen. Nicht auf dem Papier, geschweige denn im Kopf!
Zunächst ein Beispiel. Angenommen, es fielen die 7 Zahlen 278 — 756 — 366 — 186 — 345 — 177 und 992 nach oben. Kaum hat sie der Hexenmeister vernommen, nennt er auch schon ihre Summe: 3040.
Der Trick ist dennoch kinderleicht. Sie brauchen keineswegs ein Zahlenakrobat zu sein. Sie brauchen nur jedesmal die letzten Ziffern der dreistelligen Zahlen zu addieren und das, was herauskommt, von einer immer gleichbleibenden Schlüsselzahl abziehen. Durch das Addieren erhalten Sie die beiden letzten, durch das Abziehen die beiden ersten Ziffern der immer vierstelligen Summe. Erhalten Sie beim Addieren eine 9, so heißen die beiden letzten Ziffern 09.
In unserem Beispiel hätten Sie also nur die Ziffern 8, 6, 6, 6, 5, 7 und 2 zusammenzählen müssen und schon hätten Sie die beiden letzten Ziffern der Summe (40) gewußt. Und diese 40 hätten Sie nur noch von 70 — das ist die Schlüsselzahl — abzuziehen brauchen. Dann hätten Sie auch die beiden Anfangsziffern der Summe (30) und damit auch schon die vollständige Summe (3040) gehabt.
Genauso verfahren Sie stets, gleich wie die Würfel fallen. Sie werden immer das Richtige treffen, trotz der verschiedenen Kombinationen. Statt aller 7 Würfel können Sie auch die 5 ersten nehmen. In diesem Falle heißt die Schlüsselzahl aber nicht 70 sondern 50.
Und wenn Sie nicht bloß zaubern, sondern auch tüfteln wollen, so setzen Sie sich einmal gemütlich hin und knobeln aus, worauf das kleine Zahlenwunder beruht.

Der 2×2×2-Würfel

12 Stellen Sie sich einen großen Würfel vor, der aus 8 kleinen Würfeln gebildet wird. Die Außenseiten des großen Würfels sind schwarz, die Innenseiten sind weiß.

In minimal wieviel Zügen lassen sich die 8 kleinen Würfel so umsortieren, daß ein großer Würfel entsteht, der außen weiß und innen schwarz ist?

Der 3×3×3-Würfel

Haben Sie ein gutes Vorstellungsvermögen?
Kalkulus besitzt einen rotgestrichenen Würfel von 3 cm Kantenlänge. Dieser Würfel besteht aus lauter kleinen Würfeln von 1 cm Kantenlänge. Und nun beantworten Sie bitte folgende Fragen.

13 a) Wie viele kleine Würfel bilden den großen Würfel?

b) Wie viele von diesen kleinen Würfeln haben 3 rote Seiten?

c) Wie viele von ihnen haben 2 rote Seiten?

d) Wie viele von ihnen haben nur eine rote Seite?

e) Wie viele haben schließlich keine rote Seite?

Der 3×3×3-Würfel hat zweimal so viele kleine Würfel, die auf 2 Seiten rot sind, als solche, die nur auf einer Seite rot sind, bzw. achtmal so viele kleine Würfel, die auf 3 Seiten rot sind, als solche, die auf keiner Seite rot sind.

14 Aus wieviel kleinen Würfeln besteht ein großer Würfel, bei dem diese Verhältnisse genau umgekehrt sind?
Also einer, der zweimal so viele kleinere Würfel hat, die auf einer Seite rot sind, als solche, die auf 2 Seiten rot sind, bzw. achtmal so viele kleine Würfel, die auf keiner Seite rot sind, als solche, die auf 3 Seiten rot sind.

Der 4×4×4-Würfel

Ein großer Würfel aus $4 \times 4 \times 4 = 64$ kleinen Würfeln ist mit 3 Farben bemalt. Ober- und Unterseite sind weiß, Vorder- und Rückseite sind schwarz, die linke und die rechte Seite sind rot.

15 Wie viele kleine Würfel gibt es mit keiner, mit einer, mit 2 und mit 3 Farbflächen?

16 Wie viele kleine Würfel haben 2 und wie viele haben 3 verschiedene Farben?

17 Ein Würfeltrick

Max würfelt mit 3 Würfeln. Er zählt die Augen zusammen, dreht 2 Würfel um, zählt die Augen der umgedrehten Würfel zur Summe hinzu, würfelt mit den beiden umgedrehten Würfeln noch einmal, zählt die nunmehr geworfenen Augen ebenfalls zur Summe hinzu, läßt alle 3 Würfel stehen und ruft Moritz an den Tisch.
Dieser sieht die Würfelwerte 3, 6 und 1 oben liegen und nennt Moritz die Gesamtsumme. Wie heißt sie?

18 Noch ein Würfeltrick

Moritz würfelt mit 3 Würfeln. Max bittet ihn, die Augenzahl des ersten Würfels mit 2 zu multiplizieren, um 5 zu vermehren und mit 5 zu multiplizieren. Zum Ergebnis läßt er ihn die Augenzahl des zweiten Würfels addieren, dann 10, dann mit 10 multiplizieren und zum Schluß die Augenzahl des dritten Würfels addieren.
Moritz nennt das Gesamtergebnis: 665. Welche Augenzahlen hat er geworfen?

19 Welche sind gleich?

Vorgegeben sind 3 Würfel A, B und C. Zwei sind gleich, beim dritten sind die Augenwerte spiegelbildlich angeordet.

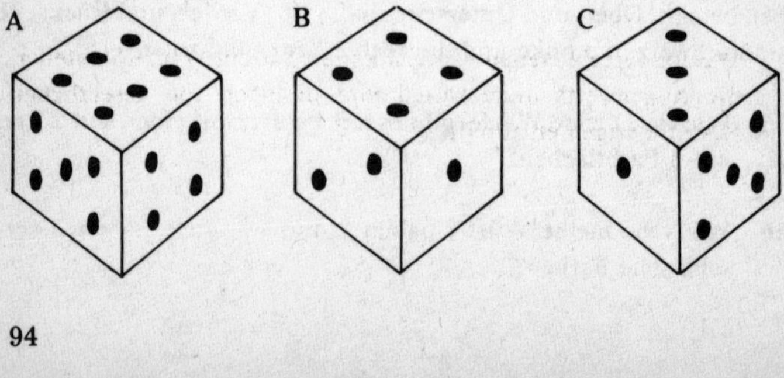

20 Würfel gleich Würfel?

Die vorhergehende Aufgabe bringt uns auf eine interessante Frage: Gleichen sich die Würfel, wenn man nur ihre Augen betrachtet? Und wenn nicht, wie viele Anordnungsmöglichkeiten gibt es?
Seitdem es Würfelspielereien gibt, gibt es auch den Mißbrauch mit den Würfeln. So wie man Spielkarten zinken kann, kann man z. B. die Chancen durch Bleifüllungen beeinflussen oder man kann mit den Augenwerten manipulieren. Schon im Mittelalter wurde deshalb durch Gesetz festgelegt, daß die Augen gegenüberliegender Seiten zusammen 7 sein müssen. Dennoch ist ein Würfel nicht gleich ein Würfel.
So kann man die symmetrischen Werte Eins, Vier, Fünf linksherum oder rechtsherum anordnen. Die unsymmetrischen Werte Zwei, Drei, Sechs kann man außerdem jeweils um 90 Grad drehen.

Eins, Vier, Fünf linksherum

Eins, Vier, Fünf rechtsherum

Die unsymmetrischen Werte

Welche verschiedenen Möglichkeiten hat ein Würfelhersteller, die Augenwerte anzuordnen und dennoch die gesetzlichen Bestimmungen einzuhalten?

7 Würfelnetze

Hier sind 12 Figuren, die — möglicherweise — aufgeklappte Würfel darstellen.

1

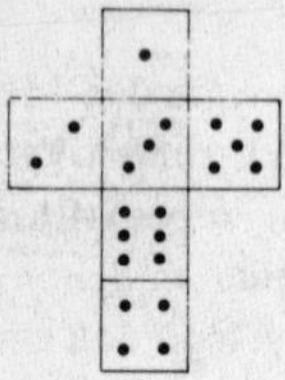

2

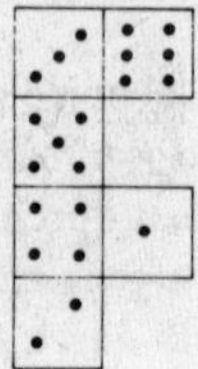

3

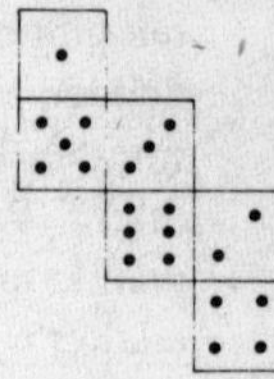

4

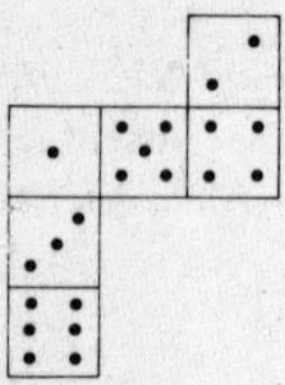

5

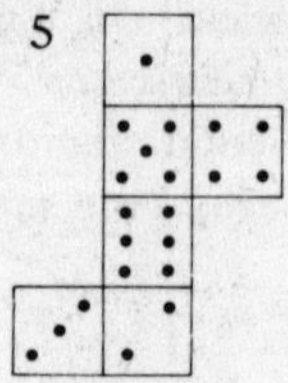

6

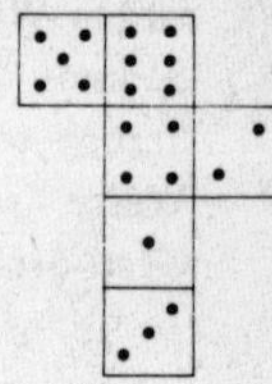

7

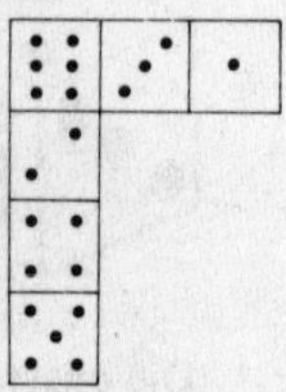

8

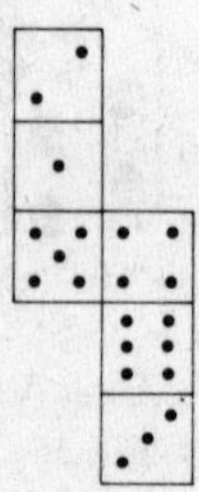

9

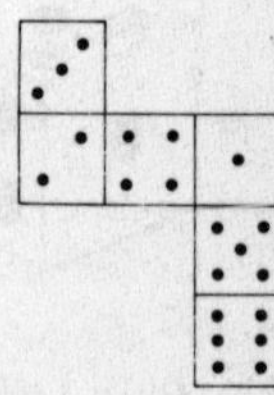

10

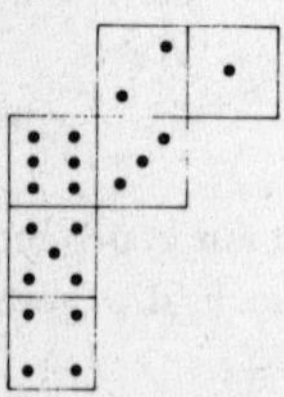

11

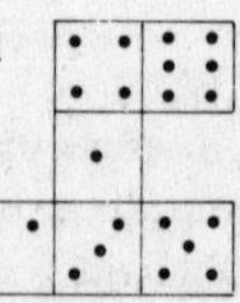

12

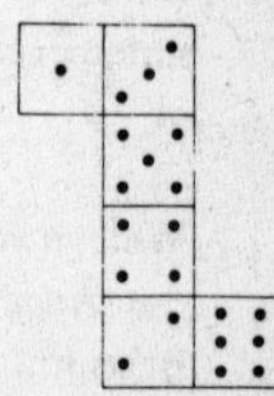

Die Frage lautet: Welche Figuren ergeben — zusammengeklappt — einen Würfel und welche nicht?

11 Die Würfelpyramide

Noch einmal soll Ihre räumliche Vorstellungskraft geprüft werden. Betrachten Sie diese Pyramide und beantworten Sie folgende Fragen.

a) Wie viele Würfel liegen auf 5 Seiten frei?

b) Wie viele Würfel liegen auf 4 Seiten frei?

c) Wie viele Würfel liegen auf 3 Seiten frei?

d) Wie viele Würfel liegen auf 2 Seiten frei?

e) Wie viele Würfel liegen auf einer Seite frei?

f) Wie viele Würfel liegen auf keiner Seite frei?

Der Schachwürfel

Zum Abschluß stellen wir Ihnen einen Würfel vor, den der bekannte Spieleerfinder Alex Randolph ausgeknobelt hat.
Er hat auf seinen Seiten die Symbole der 6 Schachfiguren, und je nachdem, was geworfen wurde, kann man mit seinen Spielfiguren wie ein Bauer, ein Turm, ein Springer, ein Läufer, eine Dame oder wie ein König ziehen.
Das entsprechende Spiel ist im Otto Maier Verlag unter dem Titel »Schachjagd« erschienen.

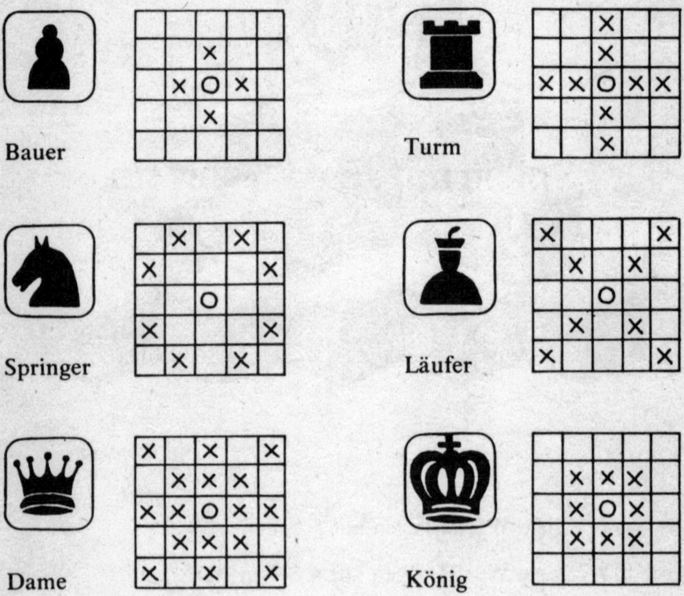

Gewürfelte Schachsymbole und Möglichkeiten des Ziehens.

10

Spiele mit sechs Würfeln

Stielaugen

6 Augenwürfel.

Jeder Spieler wirft sechsmal hintereinander, und zwar zuerst mit einem Würfel und dann mit 2, 3, 4, 5 und schließlich mit 6 Würfeln. Die Augen aller Würfe werden zusammengezählt.

In der zweiten Runde wirft wieder jeder sechsmal. Diesmal zuerst mit 6, dann mit 5, 4, 3, 2 Würfeln und zuletzt mit einem. Gewonnen hat der Spieler mit der höchsten Gesamtsumme.

Dreimal Pasch

6 Augenwürfel.

Jeder Spieler hat 3 Würfe hintereinander. Ziel ist es, möglichst dreimal Pasch zu erreichen. Beim zweiten und dritten Wurf darf man 2 bis 5 Würfel »stehenlassen«.

Gewonnen hat, wer die meisten Paare werfen konnte. Bei gleicher Pasch-Anzahl entscheiden die geworfenen Augen.

Die böse Sieben

6 Augenwürfel.

Es kommt darauf an, möglichst oft (maximal dreimal) je 2 Würfel zusammenzustellen, deren Augenwerte zusammen 7 ergeben.

Der erste Spieler wirft mit 6 Würfeln, kombiniert — wenn möglich — je 2 Würfel zu Siebenern und läßt sie stehen. Wahlweise wirft er mit den restlichen Würfeln ein zweites Mal, stellt wieder Siebener zusammen und wirft — wenn nötig — noch ein drittes Mal. Dadurch hat er seinen Punktwert bestimmt und außerdem vorgegeben, wie oft seine Gegenspieler maximal würfeln dürfen.

Nachdem jeder dran war, wird der Sieger ermittelt. Am höchsten zählt dreimal die Sieben, dann zweimal die Sieben plus 12 Augen, dann zweimal die Sieben plus 11 Augen usw. Haben 2 oder mehrere Spieler gleich viel geworfen, wird die Entscheidung durch einen weiteren Wurf herbeigeführt.

Zwölf minus neun

6 Augenwürfel.

Der Name dieses Spieles kommt daher, daß die Summe der geraden Augenzahlen (2, 4, 6) 12 ergibt und die Summe der ungeraden Augenzahlen (1, 3, 5) 9 ist.

Reihum wird über 3 Runden gewürfelt. Jeder Spieler addiert alle geraden Augenwerte und zieht davon alle ungeraden ab. Sieger ist, wer in der Endabrechnung die meisten Punkte hat.

Die Reise nach Amerika

6 Augenwürfel.

Ziel ist es, mit möglichst wenig Würfen alle Augenwerte von 1 bis 6 zu bekommen. Jeder Würfel, der in die Reihe paßt (von der Eins an aufwärts), wird beiseitegelegt. Beim folgenden Wurf spielt man nur mit den restlichen Würfeln.

Beispiel: Eins—Zwei—Vier—Fünf—Sechs—Sechs.
Nur die Augenwerte 1 und 2 dürfen weggelegt werden, da die Drei fehlt.
Es wird mit 4 Würfeln weitergeworfen.

Die Rückreise aus Amerika erfolgt so, daß eine Reihe mit den Augenwerten von 6 bis 1 zu bilden ist. Wer reist am schnellsten hin und zurück?

Kaiser Nero

6 Augenwürfel, ein Knobelspiel für 2 Personen.

Jeder bekommt 3 Würfel und dann wird abwechselnd gespielt. So lange, bis einer der Spieler (nennen wir ihn A) eine Sechs wirft. Würfelt hierauf sein Gegenspieler (B) weniger Augen, hat A gewonnen. Hat B jedoch gleichviel oder mehr Augen, kommt A nochmals dran.

Er läßt seine Sechs stehen und wirft noch einmal mit 2 Würfeln. Hierauf hat B die Gelegenheit, A zu übertreffen. Auch er läßt alle Sechser, die er mittlerweile würfeln konnte, stehen.
Gewonnen hat, wer nun die meisten Augen hat. Nur bei Gleichstand muß jeder noch einmal werfen.

Dreitausend

6 Augenwürfel, Papier und Bleistift.

Es gilt, so schnell wie möglich 3000 oder mehr Punkte zu erzielen, doch es zählen in diesem Spiel nur die Einser und die Fünfer. Und zwar nach folgendem Schema:

1 gilt	100	5 gilt	50
1-1 gelten	200	5-5 gelten	100
1-1-1 gelten	1000	5-5-5 gelten	500
1-1-1-1 gelten	2000	5-5-5-5 gelten	1000
1-1-1-1-1 gelten	4000	5-5-5-5-5 gelten	2000
1-1-1-1-1-1 gelten	8000	5-5-5-5-5-5 gelten	4000

Jeder Spieler hat beliebig viele Würfel, solange er damit seine Gesamtsumme erhöhen kann. Bringt ein Wurf nichts ein, kommt der nächste dran. Erreicht oder überschreitet ein Spieler die 3000, wird die Runde noch zu Ende gespielt, bis jeder gleich oft dran war.

Ohio

6 Augenwürfel, Papier und Bleistift.

Ein Spieler übernimmt die Buchführung und zeichnet eine Tabelle mit den Reihen 1, 2, 3, 4, 5, 6, »Ohio« und »Summe«, sowie mit je einer Spalte für jeden Spieler.

	Anton	Berta	Cäsar	Max
1	4			6
2	6			12
3	12			18
4	8			24
5	10			30
6	18			36
Ohio	0			40
Summe	58			166

Es kommt darauf an, in 7 Durchgängen bestimmte Kombinationen zu werfen. Die höchste ist »Ohio«, eine vollständige Folge (Sequenz) von 1 bis 6, welche 40 Punkte bringt. Dann möglichst sechsmal die Sechs, sechsmal die Fünf, sechsmal die Vier usw. bis sechsmal die Eins.

Die einzelnen Kombinationen müssen nicht in einer bestimmten Reihenfolge geworfen werden. Jeder Spieler darf — wenn er an der Reihe ist — bis zu sechsmal hintereinander würfeln, dabei einen oder mehrere Würfel »stehenlassen«, wenn sie ihm für eine bestimmte Kombination günstig erscheinen. Spätestens nach dem sechsten Wurf eines Durchganges muß er sich entscheiden, in welche Reihe das Ergebnis eingetragen werden soll. Schlimmstenfalls muß in ein Feld 0 (Null) eingetragen werden.

Anton z. B. warf im ersten Durchgang die Kombination Eins—Zwei—Zwei—Zwei—Vier—Fünf und ließ in der Zweierreihe 6 Punkte (3 × 2) eintragen.

Im zweiten Durchgang erzielte er
Drei—Vier—Fünf—Fünf—Sechs—Sechs und entschloß sich — in der Hoffnung, später noch mehr Sechser zu werfen — für die Fünferreihe: 10 Punkte (2 × 5).

Im dritten Durchgang heißt das Ergebnis
Zwei—Zwei—Drei—Drei—Drei—Drei, also viermal die Drei und somit 12 Punkte (4 × 3).

Im vierten Durchgang versucht Anton, eine Sequenz (»Ohio«) zu würfeln. Leider vergeblich, denn die Würfel zeigen Eins—Zwei—Vier—Vier—Fünf—Sechs. So entschließt er sich für die Viererreihe und für 8 Punkte (2 × 4).

Im fünften Durchgang hat er Glück:
Zwei—Zwei—Drei—Sechs—Sechs—Sechs, also dreimal die Sechs und in der Sechserreihe 18 Punkte (3 × 6).

Der sechste Durchgang bringt mit
Eins—Eins—Eins—Eins—Drei—Fünf für die Einserreihe 4 Punkte (4 × 1).

Im siebten und letzten Durchgang versucht sich Anton noch einmal an »Ohio«. Umsonst, denn das Ergebnis heißt Eins—Zwei—Zwei—Drei—Vier—Fünf. Also muß er im letzten noch freien Feld 0 Punkte eintragen.

Das Gesamtergebnis heißt dann 58 Punkte.

Besser ist es Max ergangen. In unserer Tabelle kann man sehen, daß er die maximale Punkteanzahl von 166 erreichte.

11

Pokerwürfel

Eine originelle Abart der Augenwürfel sind die sogenannten »Pokerwürfel«. Man leitete sie von Spielkartenwerten ab und gab ihnen folgende Werte beziehungsweise Farben:

Neun	Zehn	Jack (= Bube)	Queen (= Dame)	King (= König)	Ace (= As)
schwarz	rot	blau	blau	rot	schwarz

Offenes Würfelpoker

5 Pokerwürfel, Chips.

Bei diesem Spiel kommt es darauf an (ähnlich wie beim Würfelpoker mit 5 Augenwürfeln), mit 1 bis 3 Würfen eine möglichst hochwertige Pokerkombination zu würfeln. Diese Kombinationen sind — von der niedrigsten bis zur höchsten — folgende:

1. Ein Paar
2 Würfel mit gleichen Werten und 3 Würfel mit anderen Werten. Haben 2 Spieler ein Paar, so gewinnt das Paar mit dem höheren Wert (also z. B. 2 Könige vor 2 Zehnern). Sind die Paare gleichwertig, entscheidet der höchste der 3 »toten« Würfel, bei weiterer Gleichheit der zweithöchste und dann der dritthöchste.

2. Zwei Paare
Zweimal 2 Würfel mit gleichen Werten und ein anderer Wert. Haben 2 Spieler 2 gleiche Paare, entscheidet der »tote« Würfel.

3. Drei Gleiche (Drilling, Gedritt)
3 Würfel mit gleichen Werten und 2 andere Werte. Bei gleichen Drillingen entscheiden wieder die »toten« Würfel.

4. Full House (Volles Haus, Full Hand, Volle Hand)
Ein Drilling und ein Paar. Bei gleichwertigen Drillingen entscheidet der Wert des Paares.

5. Vier Gleiche (Vierling, Geviert)

4 Würfel mit gleichen Werten und ein anderer Wert. Bei gleichen Vierlingen entscheidet der »tote« Würfel.

6. Fünf Gleiche (Fünfling, Poker)

5 Würfel mit gleichen Werten. Der höchste Fünfling und damit die höchste Kombination überhaupt besteht aus 5 Assen.

Im allgemeinen spielt man Pokerwürfel-Würfelpoker **ohne** die vom Spielkartenpoker her bekannten Sequenzen (Folgen). Vereinbart man jedoch vor dem Spiel, daß auch diese gelten, dann liegen sie in ihrer Wertigkeit über dem Drilling und unter dem Full House. Man bezeichnet diese Sequenzen auch mit »Quint« und unterscheidet die »hohe Quint« (Zehn—Bube—Dame—König—As) und die »niedrige Quint« (Neun—Zehn—Bube—Dame—König).
Der Spielverlauf ist folgender: Man vereinbart den niedrigsten Einsatz (z. B. ein Chip) und den höchsten Einsatz (z. B. 6 Chips) pro Spiel. Jeder Spieler setzt den Mindesteinsatz in die Kasse. Es wird **ausgelost, wer** beginnen muß (dieser Spieler hat einen leichten Nachteil), und dann wird reihum einmal bis dreimal geworfen.
Jeder Spieler würfelt zunächst mit 5 Würfeln, läßt dann wahlweise 1 bis 4 Würfel »stehen« und wirft mit den restlichen ein zweites Mal, läßt wahlweise wieder 1 bis 4 Würfel »stehen« und würfelt ein drittes Mal. Damit ist seine Pokerkombination festgelegt. Schlimmstenfalls hat er »Nichts« geworfen.
Hat ein Spieler eine günstige Kombination geworfen, kann er den Einsatz erhöhen. Seine Gegenspieler müssen dann entweder »mitgehen« (also auch erhöhen) oder »passen« (ausscheiden).
Am Ende der Runde kassiert der Spieler mit der höchsten Pokerkombination den »Pott«. Haben 2 oder mehrere Spieler absolut gleiche Kombinationen erzielt, bleibt der Einsatz stehen und diese Spieler tragen eine Stichrunde aus.
Der Gewinner muß bei der nächsten Runde beginnen.
Nun sind Sie dran, lieber Leser. Entscheiden Sie in folgenden 4 Fällen, ob der Spieler A oder der Spieler B die bessere Kombination gewürfelt hat.

21

A

B

22

A

B

23

A

B

24

A

B

Verdecktes Würfelpoker

5 Pokerwürfel, Chips, Bierdeckel.

Zu Beginn wird ausgelost, wer beginnen muß. Dann setzt jeder Spieler 1 Chip in die Kasse.
Nun hat jeder einen verdeckten Wurf: Die 5 Pokerwürfel werden mit dem Becher auf einen Bierdeckel gestülpt. Der Spieler hebt vorsichtig den Becher in die Höhe und schaut nach — ohne daß es seine Gegenspieler sehen —, welche Kombination er gewürfelt hat. Dann meldet er diese Kombination an, oder — wenn er ungünstig gewürfelt hat — er schwindelt, d. h. er meldet eine Kombination an, die er gar nicht gewürfelt hat.
Nach der Meldung haben seine Gegenspieler 10 Sekunden Zeit, um die gemeldete Kombination anzuzweifeln. Dies geschieht dadurch, daß einer der Gegenspieler »Schwindel« ruft. Hierauf wird der Becher zur Kontrolle hochgehoben. Stimmt die gewürfelte Kombination mit der Meldung überein, muß der Zweifler den Einsatz in der Kasse verdoppeln. Hat jedoch der meldende Spieler geschwindelt, muß er die Kasse verdoppeln und seine Meldung auf die tatsächlich geworfene Kombination zurücknehmen.
Wurde die gemeldete Kombination nicht innerhalb von 10 Sekunden angezweifelt, dann gilt die Meldung. Egal, ob sie stimmt oder ob geschwindelt wurde.
Der Spieler mit der höchsten Meldung gewinnt nach einer Runde den »Pott«. Bei der nächsten Runde muß dieser Spieler mit dem Würfeln beginnen.

Joker Poker

Sowohl das offene als auch das verdeckte Poker können als »Joker Poker« gespielt werden. Dazu vereinbart man vor dem Spiel, daß eine gewürfelte As für jeden anderen Wert gelten kann. So wird z. B. die Kombination As—As—König—König—Neun als Vierling gewertet.

Al Capone

5 Pokerwürfel, Chips.

Jeder Spieler hat nur einen offenen Wurf. Wer dabei mehr erreicht, zieht den Einsatz ein. Wieder gelten die üblichen Pokerkombinationen. Haben 2 oder mehrere Spieler dieselbe Kombination, entscheidet eine der 3 folgenden Punktewertungen über den Sieg. Vor dem Spiel ist natürlich zu vereinbaren, nach welcher Wertung abzurechnen ist.

		Wertung A	**Wertung B**	**Wertung C**
Neun	=	9 Punkte	9 Punkte	1 Punkt
Zehn	=	10 Punkte	10 Punkte	2 Punkte
Bube	=	11 Punkte	2 Punkte	3 Punkte
Dame	=	12 Punkte	3 Punkte	4 Punkte
König	=	13 Punkte	4 Punkte	5 Punkte
As	=	14 Punkte	11 Punkte	11 Punkte

Auch bei »Al Capone« dürfen die Einsätze erhöht werden, was die Spannung wesentlich steigert.

Rock and Roll

Ein Pokerwürfel, Papier und Bleistift, Chips.

Dieses Spiel ist ein Würfelroulett und wird mit einem Pokerwürfel gespielt.
Zunächst wird ein Bankhalter bestimmt und das Setzschema auf ein Blatt Papier gezeichnet.

Schwarz	Neun	As
Rot	Zehn	König
Blau	Bube	Dame

Die Gegenspieler der Bank setzen beliebig viele Chips auf beliebige Felder und merken sich ihre Einsätze. Der Bankhalter würfelt einmal und rechnet dann ab.

Zunächst zieht er alle jene Chips ein, die nicht auf Gewinnfeldern liegen. Dann zahlt er die Gewinne aus. Und zwar zweifach für Einsätze, die auf dem richtigen Farbfeld liegen (die Gewinner erhalten also für 1 gesetztes Chip 3 Chips zurück) und fünffach für Einsätze, die auf dem richtigen Wertfeld liegen (die Gewinner erhalten also für 1 gesetztes Chip 6 Chips zurück).

Will der Bankhalter das Spiel beenden, muß er dies 5 Würfe vorher ankündigen.

Die Schaukel

Ein Pokerwürfel, Papier und Bleistift, Chips.

Dieses Spiel wird ebenfalls mit einem Bankhalter und einem Pokerwürfel gespielt. Die Gegenspieler der Bank setzen in beliebiger Höhe auf beliebige Felder der »Schaukel« und merken sich ihre Einsätze.

Neun	Zehn	Bube	Dame	König	As

So wie der Würfel fällt, gewinnt der Wert der oberen Würfelfläche. Alle, die auf dieses Feld gesetzt hatten, erhalten von der Bank ihren Einsatz in doppelter Höhe zurück. Der Wert der unteren (verdeckten) Würfelfläche bestimmt gleichzeitig den oder die Verlierer. Alle Einsätze auf diesem Feld fallen dem Bankhalter zu.

Wird also z. B. der König geworfen, bekommen alle, die auf den König gesetzt hatten, ihren Einsatz doppelt zurück. Gleichzeitig kassiert die Bank alle Einsätze, die auf der Zehn liegen.

Die restlichen Einsätze bleiben liegen. Sie dürfen nicht verringert oder zurückgenommen werden. Es ist jedoch erlaubt, seine Einsätze zu erhöhen.

Auch bei der »Schaukel« muß der Bankhalter 5 Würfe vorher ansagen, wenn er das Spiel beenden will.

Die »Schaukel« kann natürlich auch mit einem Augenwürfel gespielt werden und mit den Feldern von 1 bis 6.

Escalero

5 Pokerwürfel. Papier und Bleistift. Chips.

»Escalero« ist das beliebteste Spiel, das heute mit Pokerwürfeln (und in einer Variation auch mit Augenwürfeln) durchgeführt wird. Da es als Hasardspiel gilt, darf es dabei nur um Chips und nicht um Bargeld gehen.

Die Notierung unterscheidet sich vom offenen Würfelpoker durch eine spezielle Punktwertung, sowie dadurch, daß es keine Paare und Drillinge gibt, wohl aber die Quint (Folge, Sequenz, Straße). Außerdem wird berücksichtigt, ob eine Kombination aus 5 Würfeln in einem Wurf erreicht wurde (»serviert« oder »aus dem Stand«), oder ob sie durch 2 oder 3 Würfe mit »Stehenlassen« erzielt wurde.

Im einzelnen gibt es folgende 11 Bewertungen, wobei die ersten 6 dann gelten, wenn keine Fünferkombination erreicht wurde.

1. Neuner, je 1 Punkt

2. Zehner, je 2 Punkte

3. Buben, je 3 Punkte

4. Damen, je 4 Punkte

5. Könige, je 5 Punkte

6. Asse, je 6 Punkte

7. Quint, 25 Punkte, »serviert« 30 Punkte
(hier als Beispiel die »große Quint«)

8. Full Hand, 30 Punkte, »serviert« 35 Punkte
(hier als Beispiel 3 Buben und 2 Asse)

9. Vierling, 40 Punkte, »serviert« 45 Punkte
(hier als Beispiel 4 Neuner)

10. Fünfling, 50 Punkte
11. Fünfling »serviert«, 100 Punkte
(hier als Beispiel 5 Damen)

Es wird reihum jeweils einmal bis dreimal (mit »Stehenlassen«) gewürfelt, und das Ergebnis in einen Kontrollschein eingetragen. Würfelt Adam z. B. die Kombination Neun—Bube—Dame—Dame—As, dann kann er in die Reihe »Damen« unter seinem Namen 8 Punkte (2 × 4) eintragen.

Würfelt Berta z. B. in einem Wurf die Kombination Zehn—Bube—Dame—König—As, dann schreibt sie in die Reihe »Quint« 30 Punkte (»Quint serviert«).
Wirft Cäsar z. B. die Kombination Neun—Zehn—Zehn—Dame—As und hat er in der Reihe »Zehner« bereits eine Eintragung, dann kann er in der Reihe »Neuner« einen Punkt oder in der Reihe »Damen« 4 Punkte oder in der Reihe »Asse« 6 Punkte eintragen.
Würfelt Adam z. B. mit 3 Würfen die Kombination Zehn—Zehn—Zehn—As—As, dann schreibt er in die Reihe »Full Hand« 30 Punkte (»Full Hand« nicht serviert).

		Adam	Berta	Cäsar
Neuner	je 1			
Zehner	je 2			
Buben	je 3			
Damen	je 4			
Könige	je 5			
Asse	je 6			
Quint	25/30			
Full Hand	30/35			
Vierling	40/45			
Fünfling	50			
Fünfling, serviert	100			
Summen				

Wenn ein Spieler an der Reihe war, muß hinterher immer eine Eintragung erfolgen. Ist das Ergebnis schlecht, kann eine Wertchance »gelöscht« (»gestrichen«) werden. Und zwar dadurch, daß man in einer beliebigen Reihe 0 Punkte vermerkt. Hierbei wird man möglichst solche Chancen streichen, die selten vorkommen. Also in erster Linie den »Fünfling serviert«, dann den »Fünfling« usw.
Wenn jeder Spieler elfmal dran war, sind alle Felder des Kontrollscheines gefüllt. Die Punkte jedes Spielers werden addiert und der Sieger erhält von seinen Gegenspielern die Differenz der Summen ausbezahlt.

12

Die Lösungen

1 Die einzige Figur, die sich nicht aus den 7 »Soma«-Teilen konstruieren läßt, ist der Wolkenkratzer.

2 Trixor zählt von der genannten Zahl 25 weg und weiß dann die geworfenen Augenzahlen.

Beispiel: Sechs und Zwei wurden geworfen.
Sechs verdoppeln = 12; + 5 = 17;
× 5 = 85; + Zwei = 87 (nennen).
Der Zauberer rechnet 87 — 25 = 62,
also Sechs und Zwei.

3 Trixor zieht von der genannten Zahl 7 ab und teilt die Differenz durch 9.

Beispiel: Eins—Fünf—Drei wurden geworfen, das
ergibt die sechsstellige Zahl 153624;
: 37 = 4152; : 3 = 1384 (nennen).
Der Zauberer rechnet 1384 — 7 = 1377;
: 9 = 153, also Eins—Fünf—Drei.

4 Es muß bei jedem Würfel eine Seite geben, die — sagen wir — weiß ist. Die gegenüberliegende Seite kann dann mit irgendeiner der übrigen 5 Farben markiert sein.
Es bleiben dann noch 4 Farben übrig, die man auf 6 verschiedene Weisen auf die verbleibenden 4 Würfelseiten verteilen kann, nämlich

A	B	C	D
A	B	D	C
A	C	B	D
A	C	D	B
A	D	B	C
A	D	C	B

Infolgedessen gibt es 5 × 6 = 30 verschiedene Würfel.

5 Trixor weiß natürlich, daß die gegenüberliegenden Seiten eines Würfels zusammen immer 7 Augen haben. Daher rechnet er so: 28 (viermal 7 Augen) minus genannte Zahl = Ergebnis.
Dieser Trick kann natürlich auch mit 2, 3, 5 oder mehr Würfeln durchgeführt werden. Die Ausgangszahl für die Berechnung ist dann 14, 21, 35 oder das entsprechende Vielfache von 7.

6

Viermal Herz:	4	Dreimal Herz:	56
Viermal Pik:	6	Dreimal Pik:	78
Viermal Karo:	16	Dreimal Karo:	128
Viermal Treff:	24	Dreimal Treff:	168

Diese Kombinationen errechnen sich wie folgt:

Kombination	Würfel				Möglichkeiten
	1	2	3	4	
4 Herz	1 × (ein Herz)	1 × (ein Herz)	2 × (ein Herz, ein Joker)	2 = (ein Herz, ein Joker)	**4**
4 Pik	1 × (ein Pik)	1 × (ein Pik)	2 × (ein Pik, ein Joker)	3 = (zwei Pik, ein Joker)	**6**
4 Karo	2 × (zwei Karo)	2 × (zwei Karo)	2 × (ein Karo, ein Joker)	2 = (ein Karo, ein Joker)	**16**
4 Treff	2 × (zwei Treff)	2 × (zwei Treff)	3 × (zwei Treff, ein Joker)	2 = (ein Treff, ein Joker)	**24**

Kombination	Würfel				Möglichkeiten
	1	2	3	4	
3 Herz	1 (ein Herz)	× 1 (ein Herz)	× 2 (ein Herz, ein Joker)	× 4 (vier Nicht-Herz)	= 8
	1 (ein Herz)	× 1 (ein Herz)	× 4 (vier Nicht-Herz)	× 2 (ein Herz, ein Joker)	= 8
	1 (ein Herz)	× 5 (fünf Nicht-Herz)	× 2 (ein Herz, ein Joker)	× 2 (ein Herz, ein Joker)	= 20
	5 (fünf Nicht-Herz)	× 1 (ein Herz)	× 2 (ein Herz, ein Joker)	× 2 (ein Herz, ein Joker)	= 20
					56
3 Pik	1 (ein Pik)	× 1 (ein Pik)	× 2 (ein Pik, ein Joker)	× 3 (drei Nicht-Pik)	= 6
	1 (ein Pik)	× 1 (ein Pik)	× 4 (vier Nicht-Pik)	× 3 (zwei Pik, ein Joker)	= 12
	1 (ein Pik)	× 5 (fünf Nicht-Pik)	× 2 (ein Pik, ein Joker)	× 3 (zwei Pik, ein Joker)	= 30
	5 (fünf Nicht-Pik)	× 1 (ein Pik)	× 2 (ein Pik, ein Joker)	× 3 (zwei Pik, ein Joker)	= 30
					78

Kombination	Würfel								Möglichkeiten
	1		2		3		4		
3 Karo	2 (zwei Karo)	×	2 (zwei Karo)	×	2 (ein Karo, ein Joker)	×	4 (vier Nicht-Karo)	=	32
	2 (zwei Karo)	×	2 (zwei Karo)	×	4 (vier Nicht-Karo)	×	2 (ein Karo, ein Joker)	=	32
	2 (zwei Karo)	×	4 (vier Nicht-Karo)	×	2 (ein Karo, ein Joker)	×	2 (ein Karo, ein Joker)	=	32
	4 (vier Nicht-Karo)	×	2 (zwei Karo)	×	2 (ein Karo, ein Joker)	×	2 (ein Karo, ein Joker)	=	32
									128
3 Treff	2 (zwei Treff)	×	2 (zwei Treff)	×	3 (zwei Treff, ein Joker)	×	4 (vier Nicht-Treff)	=	48
	2 (zwei Treff)	×	2 (zwei Treff)	×	3 (drei Nicht-Treff)	×	2 (ein Treff, ein Joker)	=	24
	2 (zwei Treff)	×	4 (vier Nicht-Treff)	×	3 (zwei Treff, ein Joker)	×	2 (ein Treff, ein Joker)	=	48
	4 (vier Nicht-Treff)	×	2 (zwei Treff)	×	3 (zwei Treff, ein Joker)	×	2 (ein Teff, ein Joker)	=	48
									168

7 Die Figuren 1, 3, 5, 6, 8 und 12 ergeben — zusammengeklappt — einen Würfel.
Die Figuren 2, 4, 7, 9, 10 und 11 nicht.

8 Es sind 7 oder 8, je nachdem, ob man sich 7 Würfel mit weißer Unterseite oder 8 Würfel mit schwarzer Oberseite vorstellt.

9 Das sind zusammen nicht weniger als 831 Würfel, und zwar $1 + 5 + 15 + 90 + 720$.

10 Jeder Würfel hat dieselben Zehnerstellen. Die Addition der 7 gefallenen Zehnerstellen ergibt also immer die Summe 400, bzw. bei den 5 ersten Würfeln die Summe 300.

Die Summe der Einer und der Hunderter ist bei jedem Würfel gleich. Sie ist bei Würfel 1 = 10, bei Würfel 2 = 13, bei Würfel 3 = 09, bei Würfel 4 = 07, bei Würfel 5 = 08, bei Würfel 6 ebenfalls = 08 und bei Würfel 7 = 11.

Einer und Hunderter ergeben bei 7 Würfeln zusammen die Summe 66. Auf die Hunderter bezogen sind das 6600. Dazu kommt die gleichbleibende Zehnersumme von 400, was zusammen 7000 ergibt. Wenn man also die Schlüsselzahl 70 verwendet, dann gibt das, was von den Einern darauf fehlt, die Hunderter, und umgekehrt.

Einer und Hunderter ergeben bei den ersten 5 Würfeln zusammen die Summe 47. Auf die Hunderter bezogen = 4700. Dazu kommt die gleichbleibende Zehnersumme von 300, was zusammen 5000 ergibt. Bei 5 Würfeln verwendet man also die Schlüsselzahl 50 und erkennt an der Differenz zu den Einern, was bei den Hundertern fehlt, und umgekehrt.

11 a) 1 b) 7 c) 6 d) 5 e) 12 f) 2
Die Pyramide besteht aus insgesamt 33 Würfeln.

12 Das ist in minimal 3 Zügen möglich.

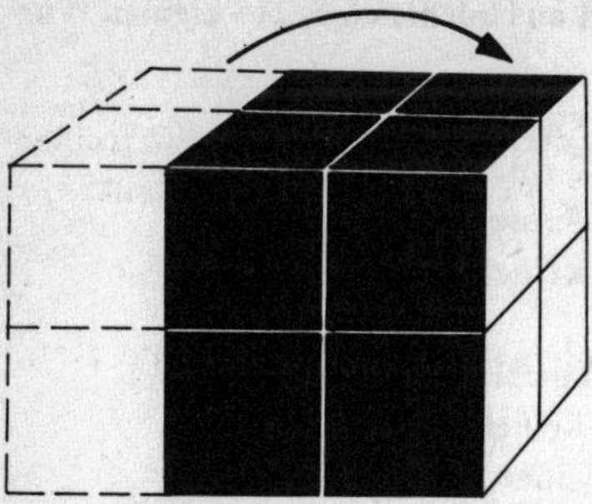

Erster Zug:
Eine Hälfte von links nach rechts.

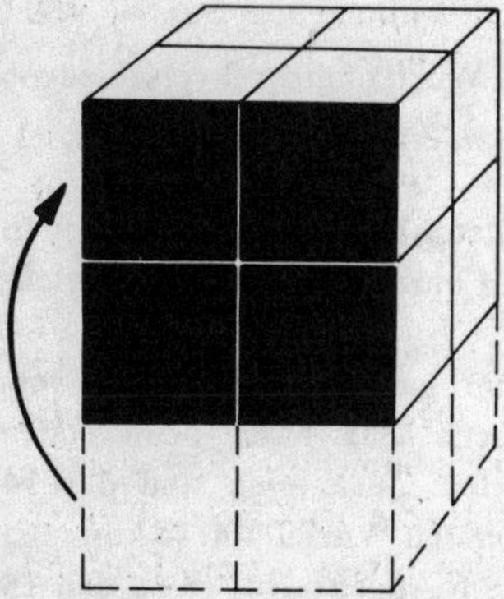

Zweiter Zug:
Eine Hälfte von unten nach oben

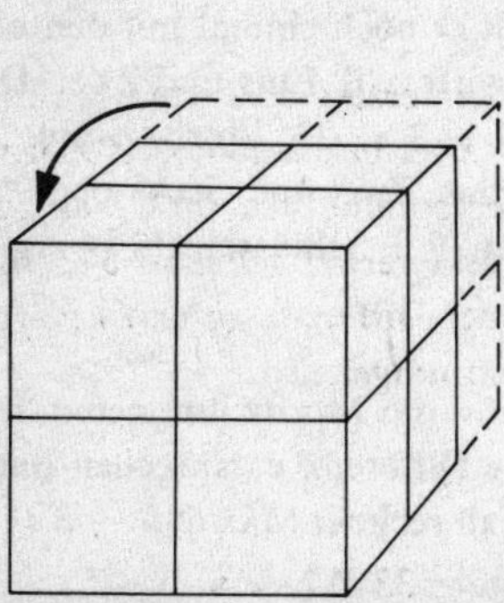

Dritter Zug:
Eine Hälfte von hinten nach vorne

13 a) 27 b) 8 c) 12 d) 6 e) 1

14 Der gesuchte Würfel besteht aus 6 × 6 × 6 = 216 kleinen Würfeln.
Er hat 96 kleine Würfel mit einer roten Seite,
48 kleine Würfel mit 2 roten Seiten,
8 kleine Würfel mit 3 roten Seiten
und 64 kleine Würfel mit keiner roten Seite.

15 Der beschriebene 4×4×4-Würfel hat
8 kleine Würfel mit keiner,
24 kleine Würfel mit einer,
24 kleine Würfel mit 2 und
8 kleine Würfel mit 3 Farbflächen.

16 24 kleine Würfel haben 2 und 8 Würfel haben 3 verschiedene Farben.

17 Moritz zählt heimlich die Augenzahlen der obenliegenden 3 Würfel zusammen und zählt 14 hinzu. So erhält er das richtige Gesamtergebnis: 24.
In dieser Weise verfährt er immer, ganz gleich, was Max vorher geworfen hat. Angenommen, Max hätte beim ersten Wurf Vier—Vier—Sechs geworfen. Zusammen sind das 14 Augen. Dreht er nun die beiden ersten Würfel um, so kommen Drei und Drei nach oben. Diese 6 Augen zählt er zu den 14 hinzu. 14 + 6 = 20. Nun würfelt er noch einmal mit den beiden umgedrehten Würfeln und wirft z. B. Eins und Zwei. Das Gesamtergebnis beträgt also 20 + 3 = 23. Moritz würde in diesem Falle die Augenzahlen Eins, Zwei und Sechs oben sehen. Zusammen sind das 9 Augen. 9 + Schlüsselzahl 14 ergibt 23.

18 Man braucht vom Gesamtergebnis, das Moritz ihm nennt, nur 350 abzuziehen. Die Ziffern der Differenz entsprechen dann den Augenzahlen. In unserem Fall rechnet Max 665 — 350 = 315 : Drei — Eins — Fünf.

19

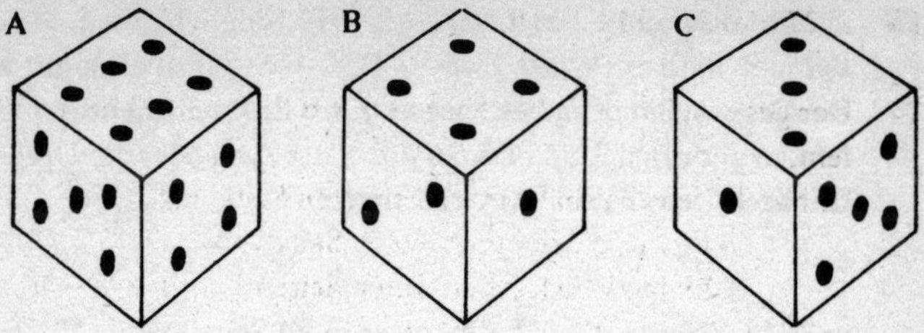

Ersetzen wir die Augen durch Ziffern und stellen wir uns die Würfel so vor, als sähen wir von oben auf sie herab.

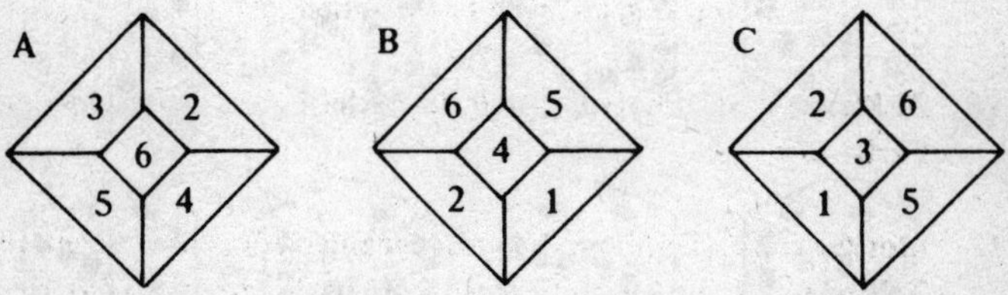

Nun drehen wir die Würfel B und C, bis auch auf ihnen die Sechs nach oben zeigt.

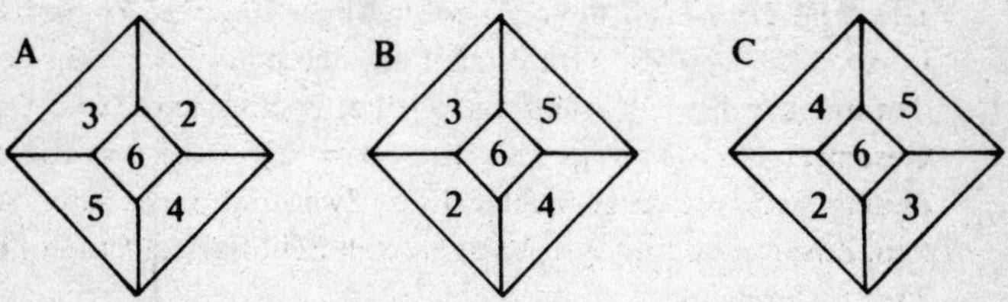

Das Ergebnis: Auf den Würfeln A und C sind die Ziffern 2 — 4 — 5 — 3 rund um die Sechs im Uhrzeigersinn angeordnet, auf dem Würfel B sind diese Ziffern gegenläufig. Die Würfel A und C sind also gleich.

20 Es gibt insgesamt $2 \times 2 \times 2 \times 2 = 16$ Möglichkeiten, je nachdem, ob man die Werte Zwei — Drei — Sechs (und damit auch die Gegenseiten Fünf — Vier — Eins) linksherum oder rechtsherum anordnet, und ob man dabei die Zwei oder die Drei oder die Sechs jeweils um 90 Grad dreht.

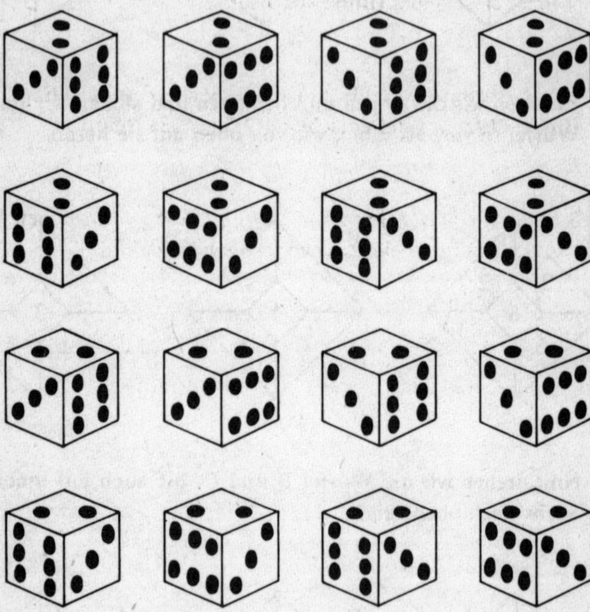

21 B hat gewonnen. Beide Spieler haben ein Paar und als höchsten »toten« Würfel ein As. Der zweite »tote« Würfel entscheidet (König vor Dame).

22 A hat gewonnen. Beide Spieler haben zwei Paare. Der »tote« Würfel entscheidet (Bube vor Zehn).

23 B hat gewonnen. Beide Spieler haben einen »Drilling«. Der zweite »tote« Würfel entscheidet (Zehn vor Neun).

24 B hat gewonnen. A hat zwar ein »Full House« mit hohen Werten, aber »Vier Gleiche« (Zehner) gelten mehr.